Athanase ZOGO

LE MONDE EN FEU

AF308488

Athanase ZOGO

LE MONDE EN FEU

Depuis 1945 vers un Nouveau Monde ou le Risque d'une Nouvelle Escalade Mondiale

Dictus Publishing

Imprint
Any brand names and product names mentioned in this book are subject to trademark, brand or patent protection and are trademarks or registered trademarks of their respective holders. The use of brand names, product names, common names, trade names, product descriptions etc. even without a particular marking in this work is in no way to be construed to mean that such names may be regarded as unrestricted in respect of trademark and brand protection legislation and could thus be used by anyone.

Cover image: www.ingimage.com

Publisher:
Dictus Publishing
is a trademark of
Dodo Books Indian Ocean Ltd. and OmniScriptum S.R.L publishing group

120 High Road, East Finchley, London, N2 9ED, United Kingdom
Str. Armeneasca 28/1, office 1, Chisinau MD-2012, Republic of Moldova, Europe
Printed at: see last page
ISBN: 978-613-7-35758-3

Copyright © Athanase ZOGO
Copyright © 2024 Dodo Books Indian Ocean Ltd. and OmniScriptum S.R.L publishing group

LE MONDE EN FEU

Depuis 1945 vers un Nouveau Monde ou le Risque d'une Nouvelle Escalade Mondiale

Athanase ZOGO
Yaoundé, CAMEROUN

Depuis la fin de la Seconde Guerre mondiale en 1945, le monde s'est retrouvé plongé dans une période de reconstruction et de réorganisation géopolitique marquée par des tensions croissantes et des confrontations idéologiques majeures. Le conflit global a laissé derrière lui non seulement des ruines physiques et morales, mais aussi un ordre mondial fragilisé, où chaque nation a dû repenser sa place et ses alliances. Le spectre de la guerre froide, avec ses affrontements indirects et son jeu d'équilibre nucléaire, a jeté les bases d'une coexistence tumultueuse mais nécessaire.

Ce livre, « Le Monde En feu : Depuis 1945 vers un Nouveau Monde où le Risque d'une Nouvelle Escalade Mondiale », explore les dynamiques complexes qui ont façonné l'après-guerre et les décennies suivantes. Il propose une analyse approfondie des événements, des idéologies, et des acteurs qui ont influencé l'ordre mondial contemporain. De la décolonisation aux guerres par procuration, en passant par l'ascension de nouvelles puissances et l'émergence de menaces transnationales, cet ouvrage dépeint un panorama global des forces en présence.

À l'aube du XXIe siècle, les tensions ne se sont pas apaisées, bien au contraire. Le risque d'une nouvelle escalade mondiale, exacerbé par des intérêts nationaux conflictuels, la montée du populisme, et la prolifération des armes, reste toujours d'actualité. Ce livre invite le lecteur à une réflexion sur les leçons à tirer de l'histoire récente et sur les perspectives d'avenir pour un monde plus stable et pacifique.

En tant qu'auteur, j'espère que cet ouvrage offrira non seulement une vision critique des enjeux mondiaux actuels, mais aussi une prise de conscience sur la fragilité de la paix et l'importance d'un engagement collectif pour éviter les erreurs du passé.

--- SOMMAIRE ---

--- INTRODUCTION ---
LA REORGANISATION DU MONDE POST-1945

Contexte de la Fin de la Seconde Guerre mondiale

- **Dévastation et Reconstruction** : La Seconde Guerre mondiale a laissé une Europe dévastée, avec des infrastructures détruites et des économies effondrées. La nécessité de reconstruire ces régions a conduit à une réévaluation des relations internationales et à la création de nouvelles structures de coopération.

- **La Division du Monde** : La guerre a aussi entraîné la division du monde en deux blocs principaux : le bloc occidental, dirigé par les États-Unis, et le bloc oriental, dirigé par l'Union soviétique. Cette division a marqué le début de la Guerre froide, une période de rivalité intense entre les superpuissances.

L'Avènement des Superpuissances

- **Les États-Unis comme Superpuissance** : En tant que principale force victorieuse avec une économie en plein essor et une influence militaire accrue, les États-Unis sont devenus une superpuissance mondiale. Leur leadership dans la reconstruction économique de l'Europe, par le Plan Marshall, et leur rôle dans la création des Nations Unies ont consolidé leur position.

- **L'Union Soviétique et l'Expansion Communiste** : L'URSS, sous la direction de Staline, a étendu son influence sur l'Europe de l'Est et au-delà, établissant des régimes communistes en

Europe centrale et orientale et cherchant à étendre le communisme à d'autres parties du monde.

La Création des Institutions Internationales

- **Les Nations Unies** : Fondée en 1945, l'ONU a été créée pour maintenir la paix et la sécurité internationales, promouvoir les droits de l'homme, et faciliter la coopération économique et sociale. Le Conseil de sécurité de l'ONU, avec ses membres permanents et leurs droits de veto, a joué un rôle central dans la gestion des conflits de la Guerre froide.
- **Le FMI et la Banque Mondiale** : Ces institutions ont été établies pour aider à la reconstruction économique mondiale, promouvoir la stabilité financière et favoriser le développement économique dans les pays en développement.

La Décolonisation et l'Émergence de Nouveaux États

- **Processus de Décolonisation** : La fin de la Seconde Guerre mondiale a accéléré le processus de décolonisation. Les puissances coloniales européennes, affaiblies par la guerre, ont commencé à céder l'indépendance à leurs colonies en Afrique, en Asie et dans les Caraïbes, entraînant la création de nombreux nouveaux États souverains.
- **Les Défis Post-Coloniaux** : Les nouveaux États ont souvent été confrontés à des défis majeurs tels que des conflits internes, des difficultés économiques et des rivalités ethniques et politiques.

Les Premières Crises de la Guerre Froide

- **La Crise de Berlin (1948-1949)** : La première grande crise de la Guerre froide a été la tentative de l'URSS de couper les voies d'accès à Berlin-Ouest, ce qui a conduit au pont aérien de Berlin par les Alliés pour approvisionner la ville.
- **La Guerre de Corée (1950-1953)** : Un autre conflit majeur de la Guerre froide, où les forces nord-coréennes, soutenues par la Chine et l'URSS, se sont affrontées avec les forces sud-coréennes et les troupes de l'ONU dirigées par les États-Unis.

La Construction de Blocs Militaires

- **L'OTAN (Organisation du Traité de l'Atlantique Nord)** : Créée en 1949, l'OTAN est une alliance militaire entre les États-Unis, le Canada et plusieurs pays européens pour se défendre contre les menaces soviétiques.
- **Le Pacte de Varsovie** : En réponse à l'OTAN, l'URSS a formé le Pacte de Varsovie en 1955, regroupant les pays du bloc de l'Est sous une alliance militaire commune.

La réorganisation du monde post-1945 a marqué le début d'une ère de rivalité entre les superpuissances, la création d'institutions internationales pour gérer les relations globales, et un processus de décolonisation qui a redéfini les cartes politiques mondiales. Ces changements ont non seulement façonné les décennies de la Guerre froide mais continuent d'influencer les dynamiques géopolitiques et les conflits contemporains. Cette réorganisation a jeté les bases des relations internationales modernes et des défis géopolitiques actuels.

Origines et Débuts de la Guerre froide

- **Origines de la Tension** : La fin de la Seconde Guerre mondiale a laissé les États-Unis et l'URSS comme les deux principales superpuissances mondiales, mais leurs visions du monde étaient radicalement différentes. Les États-Unis soutenaient le capitalisme et la démocratie libérale, tandis que l'URSS promouvait le communisme et une forme de gouvernance autoritaire.

- **Doctrine Truman (1947)** : Cette doctrine a marqué le début de l'engagement des États-Unis dans la Guerre froide. L'objectif était de contenir l'expansion du communisme, en fournissant une aide économique et militaire aux pays menacés par le communisme.

Les Grandes Confrontations de la Guerre froide

- **La Crise de Berlin (1948-1949)** : La première grande crise de la Guerre froide a été le blocus de Berlin par l'Union soviétique, qui a tenté de couper les voies d'accès à Berlin-Ouest pour forcer les Alliés à abandonner la ville. En réponse, les États-Unis et leurs alliés ont organisé un pont aérien pour approvisionner la ville.

- **La Guerre de Corée (1950-1953)** : Un conflit majeur où les forces nord-coréennes, soutenues par la Chine et l'URSS, ont envahi la Corée du Sud, provoquant une intervention militaire des

États-Unis et des forces de l'ONU. La guerre s'est terminée par un armistice, établissant la Corée du Nord et la Corée du Sud comme deux États distincts.

- **La Crise des Missiles de Cuba (1962)** : L'une des crises les plus dangereuses de la Guerre froide, lorsque les États-Unis ont découvert que l'URSS avait installé des missiles nucléaires à Cuba, à seulement 90 miles de la côte américaine. La crise a été résolue lorsque l'URSS a accepté de retirer les missiles en échange d'une promesse américaine de ne pas envahir Cuba et d'éventuels ajustements dans le déploiement des missiles américains en Turquie.

- **La Guerre du Vietnam (1955-1975)** : Un autre affrontement majeur où les États-Unis ont soutenu le gouvernement du Sud-Vietnam dans sa lutte contre le Nord-Vietnam communiste, soutenu par l'URSS et la Chine. La guerre a entraîné d'énormes pertes humaines et une critique croissante de la politique américaine à l'étranger.

- **La Guerre d'Afghanistan (1979-1989)** : L'invasion de l'Afghanistan par l'URSS pour soutenir un régime communiste en difficulté a conduit à une guerre de guérilla par les moudjahidines afghans, soutenus par les États-Unis et leurs alliés. Ce conflit a contribué à l'épuisement économique et politique de l'URSS.

Les Alliances Stratégiques

- **L'OTAN (Organisation du Traité de l'Atlantique Nord)** : Créée en 1949, cette alliance militaire regroupe les États-Unis, le Canada et plusieurs pays européens. Son objectif principal était de fournir une défense collective contre une éventuelle agression soviétique. L'OTAN a renforcé la coopération militaire et la solidarité entre les pays membres.
- **Le Pacte de Varsovie (1955-1991)** : En réponse à l'OTAN, l'Union soviétique a formé le Pacte de Varsovie avec ses alliés du bloc de l'Est. Cette alliance militaire visait à consolider le contrôle soviétique sur les pays d'Europe de l'Est et à coordonner les stratégies militaires des pays communistes.
- **Les Non-Alignés** : Certains pays, principalement des anciennes colonies nouvellement indépendantes, ont choisi de rester non-alignés dans le conflit Est-Ouest. Le Mouvement des Non-Alignés, fondé en 1961, cherchait à éviter l'implication directe dans la Guerre froide et à promouvoir la coopération entre les États du Tiers-Monde.

La Course aux Armements et la Détente

- **La Course aux Armements Nucléaires** : Les États-Unis et l'URSS ont engagé une course aux armements nucléaires, accumulant des arsenaux massifs de missiles nucléaires et développant des stratégies de dissuasion mutuelle. Les doctrines de la "destruction mutuelle assurée" (MAD) ont joué un rôle central dans la prévention d'un conflit nucléaire direct.

- **La Détente (1970s)** : Période de relâchement des tensions pendant les années 1970, marquée par des accords sur le contrôle des armements, tels que les Accords SALT (Strategic Arms Limitation Talks) et les traités sur les armes nucléaires. Cette période a vu une coopération accrue entre les superpuissances sur des questions telles que la limitation des armements et la résolution des crises régionales.

La Fin de la Guerre froide

- **La Chute du Mur de Berlin (1989)** : Symbole emblématique de la fin de la Guerre froide, la chute du Mur de Berlin a marqué le début de l'effondrement des régimes communistes en Europe de l'Est et la réunification de l'Allemagne.
- **L'Effondrement de l'URSS (1991)** : Les réformes internes, les pressions économiques et les mouvements d'indépendance dans les républiques soviétiques ont conduit à l'effondrement de l'Union soviétique, mettant fin à la Guerre froide et entraînant la formation de nouveaux États indépendants.

La Guerre froide a été une période de rivalité intense et de confrontation indirecte entre les États-Unis et l'Union soviétique. Les confrontations directes ont souvent été évitées par le biais de stratégies de dissuasion et de négociations diplomatiques. Les alliances formées durant cette période ont eu un impact durable sur la politique mondiale, et la fin de la Guerre froide a marqué le début d'une nouvelle ère de relations internationales. Les leçons tirées de cette période continuent d'influencer la géopolitique contemporaine.

2

LA DECOLONISATION : NOUVEAUX ÉTATS, NOUVEAUX DEFIS

Contexte Historique et Déclencheurs de la Décolonisation

- **Impact de la Seconde Guerre mondiale** : La guerre a affaibli les puissances coloniales européennes, tant économiquement que militairement. Les mouvements anticoloniaux ont pris de l'ampleur, alimentés par la montée du nationalisme et le désir d'indépendance dans les colonies.

- **Principes des Nations Unies** : La Charte des Nations Unies, adoptée en 1945, a affirmé le droit à l'autodétermination des peuples, fournissant un cadre international pour la décolonisation et encourageant les mouvements pour l'indépendance.

- **Les Mouvements Nationalistes** : La montée des mouvements nationalistes en Asie, en Afrique et au Moyen-Orient a été un catalyseur majeur pour la fin du colonialisme. Des leaders comme Gandhi en Inde, Nkrumah au Ghana, et Sukarno en Indonésie ont joué des rôles clés dans leurs luttes pour l'indépendance.

Le Processus de Décolonisation en Asie et au Moyen-Orient

- **Inde et Pakistan (1947)** : La décolonisation de l'Inde par les Britanniques a conduit à la partition en deux États indépendants, l'Inde et le Pakistan, entraînant des déplacements massifs de populations et des conflits violents.

- **Indonésie (1945-1949)** : Après la Seconde Guerre mondiale, les Indonésiens ont lutté contre l'occupation néerlandaise pour obtenir leur indépendance, un processus marqué par des conflits et une diplomatie internationale.

- **Moyen-Orient** : La décolonisation a également redessiné les frontières au Moyen-Orient, avec des indépendances comme celles de la Syrie et du Liban (1946) et des changements importants tels que la création de l'État d'Israël en 1948, suivie par des conflits avec les voisins arabes.

La Décolonisation en Afrique

- **Afrique de l'Ouest** : Les pays comme le Ghana (1957), dirigé par Kwame Nkrumah, ont été parmi les premiers à obtenir l'indépendance, influençant d'autres colonies africaines.

- **Lutte contre l'Apartheid** : En Afrique du Sud, la lutte contre l'apartheid a été un long processus de résistance qui a abouti à l'indépendance politique des peuples noirs et à la fin du régime séparatiste en 1994 avec l'élection de Nelson Mandela.

- **Défis Post-Indépendance** : La décolonisation a souvent été suivie de défis significatifs, tels que des conflits ethniques, des coupures politiques, et des difficultés économiques. Les nouveaux États ont dû naviguer entre les tensions internes et les pressions internationales.

Défis Internes pour les Nouveaux États

- **Construction des Institutions** : Les nouveaux États ont dû créer des institutions politiques, économiques, et sociales souvent à partir de zéro, souvent sans une base solide d'infrastructure ou d'expertise administrative.
- **Conflits Ethniques et Sociaux** : De nombreux États nouvellement indépendants étaient composés de groupes ethniques et religieux divers, ce qui a conduit à des tensions internes et des conflits.
- **Développement Économique** : Les économies des anciennes colonies étaient souvent basées sur l'exploitation des ressources naturelles et manquaient de diversification. Les nouveaux gouvernements ont dû faire face à des défis de développement économique et de pauvreté persistante.

L'Influence des Grandes Puissances et des Superpuissances

- **Interventions et Influences** : Les grandes puissances, notamment les États-Unis et l'Union soviétique, ont parfois exercé une influence significative sur les nouveaux États, cherchant à étendre leur influence idéologique pendant la Guerre froide.
- **Aidants Internationaux et Néocolonialisme** : Les nouveaux États ont souvent dépendu de l'aide internationale pour leur développement, ce qui a parfois conduit à des formes de néocolonialisme économique et politique, où les anciennes puissances coloniales ont maintenu une influence indirecte.

Les Réformes et l'Autodétermination

- **Réformes Institutionnelles** : Certains nouveaux États ont réussi à établir des gouvernements stables et à promouvoir des réformes économiques et sociales, bien que ces réussites aient été inégales.
- **Processus de Réconciliation** : Dans plusieurs cas, des efforts ont été faits pour promouvoir la réconciliation nationale et l'intégration des groupes ethniques et religieux dans des systèmes politiques plus inclusifs.

La décolonisation a marqué la fin de l'ère impérialiste et a conduit à la naissance de nombreux nouveaux États souverains. Cependant, ce processus a été accompagné de nombreux défis internes et externes. Les nouveaux États ont dû naviguer entre la construction d'institutions, la gestion des conflits ethniques, et le développement économique tout en faisant face à des influences et pressions internationales. Les effets de la décolonisation continuent de résonner dans la politique mondiale contemporaine, influençant les relations internationales et les dynamiques de développement dans les anciens pays colonisés.

3

LA CRISE DE BERLIN ET LA CONSTRUCTION DU MUR

Contexte Historique

- **Divisions Post-Seconde Guerre mondiale** : À la fin de la Seconde Guerre mondiale, l'Allemagne a été divisée en zones d'occupation contrôlées par les Alliés (États-Unis, Royaume-Uni, France, et URSS). Berlin, bien que située en zone soviétique, a également été divisée en secteurs occupés par ces mêmes puissances.

- **Rivalités entre Superpuissances** : Les relations entre l'URSS et les puissances occidentales se sont détériorées, entraînant une division politique et idéologique de l'Europe. Berlin est devenue un point focal de cette rivalité en raison de sa position géographique et de son statut unique.

La Crise de Berlin (1948-1949)

- **Blocus de Berlin** : En juin 1948, en réponse à la fusion des zones d'occupation occidentales en une seule zone économique, l'URSS impose un blocus terrestre sur Berlin-Ouest, coupant toutes les voies d'approvisionnement. L'objectif de Staline était de forcer les Alliés à abandonner Berlin-Ouest, qui était sous contrôle occidental.

- **Pont Aérien de Berlin** : En réponse, les États-Unis et leurs alliés mettent en place un pont aérien massif pour approvisionner

Berlin-Ouest. Pendant près de 11 mois, des avions alliés ont livré des vivres, du charbon et d'autres biens essentiels aux habitants de Berlin-Ouest.

- **Fin du Blocus** : Le blocus soviétique prend fin en mai 1949, lorsque Staline réalise qu'il ne peut pas affamer ou forcer les Alliés à quitter Berlin-Ouest. Cette crise a renforcé la division de Berlin et l'alignement des deux parties de la ville avec leurs blocs respectifs.

La Construction du Mur de Berlin (1961)

- **Montée des Tensions** : Dans les années 1950, des milliers d'Allemands de l'Est fuient vers l'Ouest via Berlin, ce qui devient un problème majeur pour le régime est-allemand et pour l'URSS. Cette migration massive expose l'échec du modèle économique et politique communiste en RDA (République Démocratique Allemande).

- **Déclaration de la Construction** : Le 13 août 1961, les autorités est-allemandes, soutenues par l'URSS, commencent à ériger un mur de barbelés puis un mur de béton autour de Berlin-Ouest. Le mur est conçu pour empêcher les citoyens de la RDA de passer à l'Ouest.

- **Caractéristiques du Mur** : Le Mur de Berlin se compose d'un mur de béton, de barbelés, et de tours de garde. Il est devenu un symbole physique et idéologique de la division de l'Europe et de la Guerre froide.

Réactions et Conséquences

- **Réactions Internationales** : La construction du Mur de Berlin est condamnée par les États-Unis et les alliés occidentaux, qui voient le mur comme une tentative flagrante de la part de l'URSS de renforcer sa domination sur l'Allemagne de l'Est et de restreindre les libertés personnelles.
- **Effets sur Berlin et l'Allemagne** : Le mur divise Berlin, séparant des familles et des amis. Il devient un point de tension constante entre les blocs Est et Ouest. Pendant les années 1960 et 1970, des tentatives d'évasion, souvent dangereuses, se produisent régulièrement.
- **Économie et Société** : Le mur renforce la séparation économique et sociale entre Berlin-Est et Berlin-Ouest. Berlin-Ouest prospère économiquement, tandis que Berlin-Est souffre de l'isolement et de la stagnation.

La Chute du Mur et ses Implications

- **Chute du Mur (1989)** : Le Mur de Berlin tombe le 9 novembre 1989, dans le contexte de bouleversements politiques en Europe de l'Est et de réformes en URSS sous Mikhaïl Gorbatchev. La chute du mur marque la fin de la division de Berlin et est un précurseur de la réunification allemande en octobre 1990.
- **Conséquences Géopolitiques** : La chute du mur symbolise la fin de la Guerre froide et le début d'une nouvelle ère. Elle conduit à la réunification de l'Allemagne, à la dissolution du Pacte de

Varsovie et à une restructuration majeure des relations internationales en Europe.

La Crise de Berlin et la construction du Mur de Berlin sont des événements emblématiques de la Guerre froide, illustrant la division idéologique et géopolitique entre l'Est et l'Ouest. Ces événements ont eu un impact profond sur Berlin, l'Allemagne, et les relations internationales. Le Mur de Berlin, en particulier, est devenu un symbole puissant des divisions de la Guerre froide et de la lutte pour les libertés et les droits humains. Sa chute représente non seulement la fin d'une ère de confrontation mais aussi le début d'un processus de réunification et de réconciliation en Europe.

4

LA GUERRE DU VIETNAM : IMPACT GLOBAL ET REPERCUSSIONS

Contexte du Conflit

- **Contexte Colonial et Post-Colonial** : La guerre a ses racines dans la lutte pour l'indépendance du Vietnam contre la colonisation française et la partition du pays après la défaite française en 1954. Le Vietnam est divisé en deux entités : le Nord communiste, dirigé par Ho Chi Minh, et le Sud pro-américain, dirigé par le président Ngo Dinh Diem.

- **Guerre Froide et Containment** : Les États-Unis interviennent au Vietnam dans le cadre de leur politique de containment visant à empêcher l'expansion du communisme, influencée par la théorie du domino qui suggérait que la chute d'un pays communiste en Asie du Sud-Est entraînerait d'autres pays dans la région à suivre.

Impact Global

- **Conflit et Intervention Internationale** : La Guerre du Vietnam a attiré l'attention internationale et a impliqué plusieurs nations, avec des soutiens externes pour le Nord-Vietnam de la part de l'URSS et de la Chine, et un soutien important pour le Sud-Vietnam de la part des États-Unis et de leurs alliés.

- **Mobilisation des Mouvements de Protestation** : À l'échelle mondiale, la guerre a suscité de vastes mouvements de protestation, notamment aux États-Unis, en Europe et dans d'autres parties du monde. Les manifestations contre la guerre ont exercé une pression considérable sur les gouvernements et ont eu un impact sur les politiques nationales et internationales.

- **Répercussions sur la Guerre Froide** : La guerre du Vietnam a exacerbé les tensions de la Guerre froide, montrant les limites de la puissance militaire américaine et contribuant à une réévaluation des politiques de containment et d'engagement militaire.

Répercussions sur les États-Unis

- **Traumatisme National** : La guerre a provoqué un traumatisme national profond aux États-Unis, marqué par des pertes humaines importantes, des divisions politiques et sociales, et une méfiance croissante envers le gouvernement et ses institutions. Le conflit a exacerbé les tensions raciales et sociales, ainsi que les divisions politiques.

- **Réformes et Changement de Politique** : La guerre a conduit à des réformes significatives dans la politique étrangère américaine, y compris une réévaluation de l'intervention militaire et de l'engagement international. Les États-Unis ont adopté une politique de "détente" avec l'URSS dans les années 1970 et ont réduit leur implication directe dans les conflits étrangers.

- **Impact sur les Forces Armées** : Le conflit a conduit à des réformes dans les forces armées américaines, y compris la fin du service militaire obligatoire et la transition vers une armée professionnelle.

Répercussions sur le Vietnam et l'Asie du Sud-Est

- **Conséquences Humanitaires** : La guerre a causé des destructions massives au Vietnam, des pertes humaines estimées à plusieurs millions et des séquelles graves pour les civils. Les effets de l'agent orange, un herbicide utilisé par les forces américaines, ont provoqué des problèmes de santé persistants.

- **Réunification du Vietnam** : La guerre a abouti à la réunification du Vietnam sous un régime communiste en 1975, lorsque les forces nord-vietnamiennes ont capturé Saigon. La réunification a marqué la fin d'un conflit qui avait profondément divisé le pays et a conduit à des efforts de reconstruction et de réconciliation.

- **Répercussions Régionales** : La guerre a également eu un impact sur les pays voisins tels que le Laos et le Cambodge, où des conflits liés à la guerre du Vietnam ont entraîné des guerres civiles et des génocides, notamment avec la montée des Khmers rouges au Cambodge.

Impact sur la Politique Internationale et la Diplomatie

- **Changement dans la Diplomatie Internationale** : La Guerre du Vietnam a conduit à des changements importants dans la diplomatie internationale, avec une plus grande prudence dans les interventions militaires. Les leçons apprises ont influencé les politiques étrangères américaines et mondiales dans les décennies suivantes.

- **Influence sur les Relations entre Superpuissances** : La guerre a mis en lumière les limites du pouvoir militaire dans les guerres asymétriques et a conduit à une réévaluation des relations entre les superpuissances, en mettant l'accent sur les négociations diplomatiques et les stratégies de désescalade.

- **Leçons pour les Conflits Futurs** : Le conflit a également servi de leçon pour les conflits futurs, en soulignant l'importance de la stratégie militaire adaptée, des objectifs clairs et du soutien domestique pour les interventions étrangères.

La Guerre du Vietnam a eu des répercussions profondes et durables à la fois sur le Vietnam et sur la scène internationale. En tant que conflit majeur de la Guerre froide, il a révélé les limites de la puissance militaire et a modifié les approches en matière de politique étrangère et de guerre. Les impacts humanitaires et politiques de la guerre continuent d'influencer le Vietnam, les États-Unis et la politique mondiale, offrant des leçons importantes sur la gestion des conflits et les relations internationales.

5

LES CRISES DU MOYEN-ORIENT : DE SUEZ A LA GUERRE DU GOLFE

Crise de Suez (1956)

- **Contexte** : La crise de Suez éclate suite à la nationalisation par le président égyptien Gamal Abdel Nasser du canal de Suez, une voie de navigation stratégique contrôlée précédemment par des intérêts britanniques et français. Cette nationalisation intervient dans un contexte de tensions croissantes entre les puissances coloniales européennes et les pays arabes nationalistes.

- **Conflit** : En réponse, le Royaume-Uni, la France et Israël forment une alliance pour intervenir militairement en Égypte. Leur objectif est de reprendre le contrôle du canal et de destituer Nasser. L'opération, appelée "Opération Mousquetaire", débouche sur un conflit militaire.

- **Réactions Internationales** : L'intervention suscite une réaction internationale significative. Les États-Unis, sous l'administration d'Eisenhower, s'opposent à l'intervention, en partie en raison des pressions de l'Union soviétique et de la crise de Suez. Sous la pression des États-Unis et de l'ONU, les forces britanniques, françaises et israéliennes se retirent, consolidant ainsi le statut de Nasser comme leader panarabe.

- **Conséquences** : La crise de Suez marque la fin de l'influence coloniale britannique et française au Moyen-Orient et renforce l'influence des États-Unis et de l'Union soviétique dans la région. Nasser émerge comme une figure majeure du nationalisme arabe.

La Guerre des Six Jours (1967)

- **Contexte** : Les tensions entre Israël et ses voisins arabes, en particulier l'Égypte, la Jordanie et la Syrie, atteignent un point de rupture. L'Égypte mobilise ses forces et ferme le détroit de Tiran aux navires israéliens, ce qui est perçu comme un acte de guerre.

- **Conflit** : En juin 1967, Israël lance une attaque préventive contre l'Égypte, la Jordanie et la Syrie. En seulement six jours, Israël remporte une victoire décisive et occupe la péninsule du Sinaï, la Cisjordanie, Jérusalem-Est et les hauteurs du Golan.

- **Conséquences** : La guerre modifie considérablement les frontières du Moyen-Orient. Israël établit un contrôle militaire sur les territoires nouvellement acquis. La résolution 242 du Conseil de sécurité de l'ONU appelle au retrait israélien des territoires occupés en échange de la paix, mais les négociations sur la mise en œuvre de cette résolution sont complexes et prolongées.

La Guerre du Kippour (1973)

- **Contexte** : Le 6 octobre 1973, le jour de Yom Kippour, l'Égypte et la Syrie lancent une attaque surprise contre Israël pour reprendre les territoires perdus lors de la Guerre des Six Jours. La guerre est motivée par le désir de récupérer les territoires perdus et de restaurer l'honneur national arabe.

- **Conflit** : Initialement, les forces égyptiennes et syriennes réussissent à pénétrer les lignes israéliennes, mais Israël finit par repousser les attaques grâce à une contre-offensive. Le conflit dure jusqu'au 25 octobre 1973.

- **Conséquences** : La guerre entraîne un choc pétrolier, les pays arabes producteurs de pétrole imposant un embargo contre les pays qui soutiennent Israël. Cette crise énergétique provoque une récession mondiale et renforce les relations entre les pays producteurs de pétrole et les États-Unis.

Les Accords de Camp David (1978)

- **Contexte** : En 1978, après des années de conflits, les États-Unis facilitent des négociations entre Israël et l'Égypte. Les pourparlers se déroulent à Camp David sous la médiation du président américain Jimmy Carter.

- **Accords** : Les Accords de Camp David conduisent à la signature du traité de paix entre Israël et l'Égypte en 1979. En vertu de cet accord, Israël se retire du Sinaï et l'Égypte devient le premier pays arabe à reconnaître Israël.

- **Conséquences** : Le traité de paix marque une rupture significative dans les relations entre Israël et le monde arabe. Il établit un modèle pour les futurs accords de paix et entraîne des changements géopolitiques importants dans la région.

La Révolution Islamique en Iran (1979)

- **Contexte** : En 1979, la Révolution islamique en Iran renverse le Shah Mohammad Reza Pahlavi, soutenu par les États-Unis, et établit un régime islamique dirigé par l'ayatollah Ruhollah Khomeini.
- **Impact** : La révolution entraîne la fin du soutien occidental au régime iranien et marque le début d'une période de tensions accrues entre l'Iran et les pays occidentaux. L'Iran devient un acteur clé dans la politique du Moyen-Orient, promouvant un agenda anti-occidental et soutenant des mouvements militants dans toute la région.

La Guerre Iran-Irak (1980-1988)

- **Contexte** : En 1980, l'Irak, dirigé par Saddam Hussein, envahit l'Iran, espérant profiter du chaos de la révolution iranienne. Le conflit se prolonge pendant huit ans, avec des pertes humaines et économiques importantes des deux côtés.
- **Conflit** : La guerre est caractérisée par des combats de tranchées et des attaques chimiques, avec un impact dévastateur sur les populations civiles et les infrastructures.
- **Conséquences** : Le conflit laisse les deux pays épuisés économiquement et militairement. Les tensions régionales persistent et les rivalités entre l'Iran et l'Irak continuent de façonner la politique du Moyen-Orient.

La Guerre du Golfe (1990-1991)

- **Contexte** : En août 1990, l'Irak envahit le Koweït, déclenchant des condamnations internationales. Les États-Unis, avec une coalition internationale, lancent l'Opération Tempête du Désert pour libérer le Koweït.
- **Conflit** : La coalition internationale, composée principalement de forces américaines et alliées, mène une offensive rapide contre les forces irakiennes. La guerre se termine en février 1991 avec la libération du Koweït.
- **Conséquences** : La guerre du Golfe renforce la présence militaire américaine au Moyen-Orient et entraîne la mise en place de sanctions économiques sévères contre l'Irak. Elle marque également le début de la politique de containment de Saddam Hussein et pose les bases pour des conflits futurs dans la région.

Les crises du Moyen-Orient, de Suez à la Guerre du Golfe, ont eu un impact profond sur la géopolitique mondiale, redéfinissant les relations internationales et les dynamiques régionales. Elles ont contribué à façonner les alliances, les conflits et les politiques énergétiques du XXe siècle. Les répercussions de ces crises continuent d'influencer la politique du Moyen-Orient et les relations internationales aujourd'hui.

6

LA CHUTE DU MUR DE BERLIN ET LA FIN DE LA GUERRE FROIDE

Contexte Historique et Politique

- **La Guerre Froide** : Depuis la fin de la Seconde Guerre mondiale, le monde a été divisé en deux blocs idéologiques opposés, le bloc de l'Ouest, dirigé par les États-Unis et leurs alliés, et le bloc de l'Est, dirigé par l'Union soviétique. Berlin, divisée en secteurs Est et Ouest, est devenue le symbole de cette division.

- **Le Mur de Berlin** : Érigé en 1961, le Mur de Berlin est devenu un puissant symbole de la division idéologique et politique entre l'Est et l'Ouest. Il servait à empêcher les citoyens de l'Est de fuir vers l'Ouest, où les conditions de vie et les libertés étaient considérées comme supérieures.

La Chute du Mur de Berlin (1989)

- **Réformes en URSS** : Sous Mikhaïl Gorbatchev, qui devient Secrétaire général du Parti communiste en 1985, l'URSS entreprend des réformes significatives avec la politique de la Perestroïka (réforme économique) et de la Glasnost (ouverture politique). Ces réformes visent à moderniser l'économie soviétique et à accroître la transparence et la liberté politique, mais elles affaiblissent également le contrôle du Parti communiste sur l'Europe de l'Est.

- **Pressions en Allemagne de l'Est** : En Allemagne de l'Est, le régime communiste est de plus en plus contesté par des mouvements de protestation populaires. Des manifestations massives se déroulent à Leipzig et dans d'autres villes, exigeant des réformes et des libertés accrues.

- **Erreur de Communication et Annonce** : Le 9 novembre 1989, un porte-parole du gouvernement est-allemand annonce par erreur que les frontières sont ouvertes immédiatement. Les Berlinois de l'Est, croyant à une ouverture réelle, se dirigent vers le Mur. Les gardes-frontières, dépassés et incertains, commencent à ouvrir les barrières, permettant aux habitants de traverser.

- **Symbolisme et Réactions** : La chute du Mur est célébrée par des foules jubilantes des deux côtés du Mur. C'est un moment de grande importance symbolique, marquant la fin de la division physique de Berlin et, par extension, la fin de la Guerre froide.

Conséquences Immédiates

- **Réunification de l'Allemagne** : La chute du Mur précipite le processus de réunification allemande. Le 3 octobre 1990, l'Allemagne de l'Est et l'Allemagne de l'Ouest sont officiellement réunifiées en un seul État, mettant fin à près de 45 ans de division.

- **Fin des Régimes Communistes en Europe de l'Est** : La chute du Mur de Berlin catalyse des changements politiques majeurs en Europe de l'Est. Les régimes communistes dans les autres pays du bloc de l'Est (comme la Pologne, la Hongrie, et la

Tchécoslovaquie) sont renversés ou modifiés dans des processus de transition pacifiques.

- **Dissolution de l'URSS** : Les événements en Europe de l'Est entraînent une accélération du déclin du pouvoir soviétique. En 1991, l'URSS est officiellement dissoute, marquant la fin de la superpuissance communiste et la naissance de plusieurs États indépendants, dont la Russie.

Répercussions Géopolitiques

- **Réorganisation de l'Ordre Mondial** : La fin de la Guerre froide entraîne une réorganisation majeure de l'ordre mondial. Les États-Unis émergent comme la seule superpuissance mondiale, entraînant une période de domination unipolaire dans les affaires internationales.

- **Expansion de l'OTAN et de l'UE** : L'Europe de l'Est et les anciennes républiques soviétiques commencent à se rapprocher des institutions occidentales. L'OTAN et l'Union européenne s'élargissent pour inclure de nombreux pays qui faisaient partie du bloc de l'Est.

- **Émergence de Nouveaux Conflits** : Avec la fin de la bipolarité de la Guerre froide, de nouveaux types de conflits émergent, notamment les guerres ethniques et les conflits régionaux. Les tensions en ex-Yougoslavie et en Afrique sont des exemples de ces nouveaux défis.

Impacts Sociaux et Culturels

- **Changements dans la Culture et la Société** : La chute du Mur a des répercussions profondes sur les sociétés est-allemande et ouest-allemande, facilitant des processus de réconciliation et de reconstruction. La réunification engendre des défis économiques et sociaux, notamment la disparité entre les anciennes Allemagnes de l'Est et de l'Ouest.
- **Symbolisme de la Liberté** : Le Mur de Berlin tombe en tant que symbole de la lutte pour la liberté et contre la répression. Il devient un symbole universel de la fin des régimes autoritaires et du triomphe de la démocratie.

La chute du Mur de Berlin est un moment décisif dans l'histoire moderne, symbolisant non seulement la fin de la division physique de l'Europe mais aussi la fin de la Guerre froide. Cet événement marque la transition vers une nouvelle ère de relations internationales, de réformes politiques en Europe de l'Est, et d'émergence de nouveaux défis globaux. Les conséquences de la chute du Mur continuent d'influencer la politique mondiale et la dynamique géopolitique à ce jour.

7

LES CONFLITS EN YOUGOSLAVIE ET L'ÉMERGENCE DES NATIONS INDEPENDANTES

Contexte Historique

- **Formation de la Yougoslavie** : Après la Première Guerre mondiale, le Royaume des Serbes, Croates et Slovènes est formé en 1918, qui devient le Royaume de Yougoslavie en 1929. La Yougoslavie est une fédération de plusieurs républiques ethniquement et culturellement diverses, dont les Serbes, Croates, Slovènes, Macédoniens, Monténégrins et Kosovars.

- **Communisme et Tito** : Pendant la Seconde Guerre mondiale, la résistance communiste sous Josip Broz Tito parvient à libérer le pays des forces de l'Axe. Tito établit une fédération socialiste qui maintient une unité relative grâce à un équilibre précaire entre les différentes républiques et groupes ethniques.

- **Crise de l'après-Tito** : À la mort de Tito en 1980, les tensions ethniques et nationalistes se ravivent. La fédération commence à se déstabiliser, exacerbée par des crises économiques, des réformes politiques mal gérées, et des aspirations nationalistes croissantes.

Les Conflits et la Dissolution (1991-1995)

- **Déclaration d'Indépendance** : En 1991, la Slovénie et la Croatie déclarent leur indépendance, suivies par la Macédoine et le

Monténégro. La Serbie, dirigée par Slobodan Milošević, s'oppose à ces mouvements et cherche à préserver l'unité de la Yougoslavie sous domination serbe.

- **Guerre de Slovénie (1991)** : La guerre de dix jours en Slovénie se termine rapidement par un cessez-le-feu, avec la reconnaissance internationale de l'indépendance de la Slovénie.

- **Guerre de Croatie (1991-1995)** : Le conflit en Croatie est plus complexe et violent. Les forces serbes, soutenues par la Serbie, se battent contre les forces croates, entraînant des destructions massives et des atrocités. Les combats se terminent avec les Accords de Dayton en 1995, qui établissent une paix fragile et la création de la Bosnie-Herzégovine.

- **Guerre en Bosnie-Herzégovine (1992-1995)** : La guerre en Bosnie est marquée par des violences ethniques et des nettoyages ethniques, principalement entre les Bosno-Croates, les Bosno-Serbes et les Bosno-Musulmans. Le siège de Sarajevo et les massacres de Srebrenica sont parmi les épisodes les plus tragiques de ce conflit. Les Accords de Dayton mettent fin au conflit et créent une Bosnie-Herzégovine divisée en deux entités : la Fédération de Bosnie-et-Herzégovine et la République serbe de Bosnie.

- **Guerre du Kosovo (1999)** : Le conflit au Kosovo éclate lorsque les forces serbes répriment durement l'insurrection de l'Armée de libération du Kosovo (UCK). L'OTAN intervient militairement en mars 1999 avec une campagne de bombardement contre les forces serbes, ce qui conduit à un retrait serbe du Kosovo. En 2008, le Kosovo déclare unilatéralement son indépendance, qui est reconnue par de nombreux pays mais contestée par la Serbie et certains autres États.

Émergence des Nations Indépendantes

- **Création de Nouvelles Républiques** : À la suite des conflits et des accords de paix, plusieurs nouvelles nations émergent de l'ancienne Yougoslavie :
    o **Slovénie** : Devenue indépendante en 1991.
    o **Croatie** : Devenue indépendante en 1991.
    o **Bosnie-Herzégovine** : Devenue indépendante en 1992.
    o **Macédoine** : Devenue indépendante en 1991, renommée plus tard République de Macédoine du Nord en 2019.
    o **Monténégro** : Devient indépendant en 2006, après un référendum séparatiste de l'État fédéral de Serbie-et-Monténégro.
    o **Kosovo** : Déclare son indépendance en 2008, reconnue par plus de 100 pays, mais pas par la Serbie ni certains membres de l'ONU.

Conséquences et Répercussions

- **Impact Humanitaire** : Les conflits ont causé des pertes humaines considérables, des déplacements massifs de populations, et des atrocités comme le nettoyage ethnique et les génocides. Les efforts de reconstruction et de réconciliation sont longs et difficiles.

- **Répercussions Régionales** : Les conflits ont entraîné des changements géopolitiques importants dans les Balkans. La région reste fragile, avec des tensions persistantes entre les différents groupes ethniques et entre les nouveaux États et leurs voisins.

- **Impact sur la Communauté Internationale** : Les conflits en Yougoslavie ont entraîné une intervention internationale significative, notamment par l'ONU et l'OTAN. Ils ont mis en évidence les défis liés à l'intervention humanitaire et au maintien de la paix.

- **Réformes et Réconciliation** : Les pays issus de l'ex-Yougoslavie ont entrepris des processus de réformes politiques et économiques pour se rapprocher des standards européens. L'intégration dans l'UE et d'autres organisations internationales est un objectif pour plusieurs de ces États.

Les conflits en Yougoslavie et la dissolution du pays ont été des événements dramatiques qui ont redéfini les frontières et les dynamiques politiques des Balkans. La transition vers des nations indépendantes a été marquée par des violences, des défis humanitaires, et des interventions internationales. La région continue de gérer les répercussions de ces conflits, avec des processus de reconstruction et de réconciliation en cours. Ces événements ont également fourni des leçons importantes sur les dynamiques de conflits ethniques et la gestion des transitions post-conflit.

8

LES ATTAQUES DU 11 SEPTEMBRE 2001 ET LA GUERRE CONTRE LE TERRORISME

Les Attaques du 11 Septembre 2001

- **Les Attaques** : Le 11 septembre 2001, quatre avions commerciaux sont détournés par des membres d'Al-Qaïda, une organisation terroriste islamiste radicale dirigée par Oussama ben Laden. Deux des avions percutent les tours du World Trade Center à New York, provoquant l'effondrement des deux bâtiments. Un troisième avion frappe le Pentagone, le siège du Département de la Défense des États-Unis à Washington D.C. Le quatrième avion, United Airlines vol 93, se crashe en Pennsylvanie après que les passagers aient tenté de reprendre le contrôle de l'appareil, probablement visant la Maison Blanche ou le Capitole.

- **Bilan** : Les attaques causent la mort de près de 3 000 personnes et blessent des milliers d'autres. Les destructions matérielles sont massives, et les attaques entraînent un choc psychologique profond aux États-Unis et à l'échelle mondiale.

- **Responsabilité** : Les autorités américaines identifient Al-Qaïda comme le principal responsable de ces attaques. L'organisation est basée en Afghanistan, où le régime taliban lui offre refuge et soutien.

Réponses Immédiates et Déclaration de la Guerre contre le Terrorisme

- **Réactions Nationales et Internationales** : Les attaques du 11 septembre déclenchent une vague de solidarité internationale. Les États-Unis reçoivent un soutien mondial pour la lutte contre le terrorisme. Le Congrès américain adopte rapidement la résolution AUMF (Authorization for Use of Military Force) permettant au président George W. Bush d'utiliser la force contre les auteurs des attaques et leurs complices.

- **Invasion de l'Afghanistan (2001)** : En octobre 2001, les États-Unis, soutenus par une coalition internationale, lancent l'Opération Enduring Freedom pour déloger les talibans du pouvoir en Afghanistan et neutraliser Al-Qaïda. La campagne militaire mène rapidement à la chute du régime taliban et à la dispersion des membres d'Al-Qaïda.

- **Création du Département de la Sécurité Intérieure** : En réponse aux menaces internes et internationales, les États-Unis créent le Département de la Sécurité Intérieure en 2003 pour coordonner les efforts de sécurité intérieure et protéger le pays contre de futures attaques.

Expansion de la Guerre contre le Terrorisme

- **Guerre en Irak (2003)** : En mars 2003, les États-Unis, sous la direction du président George W. Bush, lancent une invasion de l'Irak, accusant Saddam Hussein de posséder des armes de destruction massive (ADM) et de soutenir le terrorisme. L'invasion conduit à la chute de Saddam Hussein et à l'occupation de l'Irak par les forces américaines. Cependant, les armes de destruction massive ne sont jamais trouvées, et la guerre en Irak devient un conflit controversé et coûteux.

- **Conflits et Répercussions Régionales** : La guerre en Irak exacerbe les tensions sectaires au Moyen-Orient et contribue à l'émergence de groupes extrémistes, comme l'État islamique (EI), qui profite du chaos pour étendre son influence. Les répercussions de ces conflits ont des implications profondes pour la stabilité régionale et mondiale.

- **Sécurité et Surveillance** : Les États-Unis mettent en œuvre des politiques de sécurité renforcées, y compris la surveillance accrue, les interrogatoires renforcés et les détentions sans jugement à Guantanamo Bay. Ces mesures suscitent des débats sur les libertés civiles et les droits humains.

Impact Global et Conséquences à Long Terme

- **Réformes en Politique Étrangère** : La Guerre contre le terrorisme modifie les relations internationales, redéfinissant les alliances et les stratégies de sécurité. Les États-Unis cherchent à établir des partenariats avec d'autres pays pour lutter contre le terrorisme, tout en affrontant des critiques sur les interventions militaires et les politiques de sécurité.

- **Conséquences Humanitaires** : Les conflits en Afghanistan et en Irak entraînent des pertes humaines importantes, des déplacements massifs de populations et des destructions considérables. Les efforts de reconstruction sont compliqués par les violences persistantes et les défis politiques.

- **Émergence de Nouvelles Menaces** : La lutte contre le terrorisme conduit à l'émergence de nouvelles menaces, telles que le terrorisme international, les cyberattaques, et les conflits asymétriques. Les groupes terroristes adaptent leurs tactiques pour échapper aux mesures de sécurité et continuer à mener des attaques.

- **Réflexions sur la Stratégie de Lutte contre le Terrorisme** : À la fin des années 2010 et au début des années 2020, les États-Unis et leurs alliés revoient leurs stratégies de lutte contre le terrorisme. Il y a une concentration accrue sur les efforts diplomatiques, le développement économique et la coopération internationale pour stabiliser les régions touchées et prévenir le radicalisme.

Le Retour des Talibans et l'Impact sur l'Afghanistan (2021)

- **Retrait Américain** : En 2021, les États-Unis annoncent leur retrait complet d'Afghanistan après presque 20 ans de présence militaire. Le retrait est suivi d'une rapide reconquête de l'Afghanistan par les talibans, qui reprennent le contrôle du pays en août 2021.

- **Conséquences pour l'Afghanistan** : Le retour des talibans a des répercussions importantes pour les droits humains et la stabilité régionale. La situation en Afghanistan soulève des préoccupations internationales sur la sécurité, les droits des femmes, et les conditions humanitaires.

Les attaques du 11 septembre 2001 ont eu un impact profond et durable sur le monde, entraînant une reconfiguration majeure des politiques de sécurité internationale et des relations internationales. La Guerre contre le terrorisme qui a suivi a redéfini la stratégie de défense et a mis en lumière des défis complexes liés au terrorisme, à la sécurité mondiale et aux droits humains. Les conflits et les politiques résultants continuent d'influencer la dynamique géopolitique et les priorités de sécurité à l'échelle mondiale.

9

LA GUERRE EN IRAK : MOTIFS ET CONSEQUENCES

Motifs de la Guerre

- **Armes de Destruction Massive (ADM)** : L'administration du président américain George W. Bush a justifié l'invasion de l'Irak principalement par la suspicion que Saddam Hussein possédait des armes de destruction massive (ADM), telles que des armes chimiques, biologiques ou nucléaires, et qu'il pourrait les utiliser ou les transférer à des groupes terroristes. Les renseignements américains et internationaux sur ces armes étaient controversés et se sont avérés erronés.

- **Lien avec le Terrorisme** : Une autre justification avancée était le lien présumé entre Saddam Hussein et les groupes terroristes, en particulier Al-Qaïda. L'administration Bush a affirmé que le régime irakien soutenait le terrorisme international, ce qui menaçait la sécurité des États-Unis et de leurs alliés.

- **Changement de Régime** : Le changement de régime en Irak était également présenté comme un objectif. Le gouvernement américain croyait que l'élimination de Saddam Hussein et de son régime pourrait conduire à la démocratisation du Moyen-Orient et à la stabilisation de la région. Cette vision était inspirée par la volonté de promouvoir des régimes démocratiques dans des régions stratégiques.

- **Intérêts Géopolitiques et Économiques** : Certains observateurs soulignent que les intérêts géopolitiques et économiques, notamment l'accès au pétrole irakien et le renforcement de la présence américaine au Moyen-Orient, ont joué un rôle dans la décision d'envahir l'Irak.

Déroulement du Conflit

- **Invasion (2003)** : En mars 2003, les États-Unis, soutenus par une coalition internationale comprenant le Royaume-Uni, l'Australie et la Pologne, lancent l'invasion de l'Irak, connue sous le nom d'Opération Iraqi Freedom. L'armée américaine et ses alliés mènent une campagne militaire rapide qui conduit à la chute de Bagdad et à la capture de Saddam Hussein.
- **Occupation et Insurrection** : Après la chute de Bagdad, les forces américaines se retrouvent face à une insurrection croissante. Les violences sectaires, les attaques contre les troupes de la coalition, et les conflits internes entre différents groupes ethniques et religieux provoquent une détérioration de la sécurité.
- **Gouvernance et Reconstruction** : L'occupation américaine met en place un gouvernement intérimaire irakien. La reconstruction du pays est compliquée par l'instabilité et la corruption. Les efforts pour établir des institutions démocratiques et reconstruire les infrastructures sont entravés par les violences persistantes et les défis économiques.

Conséquences

- **Conséquences Humanitaires** : La guerre entraîne des pertes humaines importantes, avec des centaines de milliers de civils irakiens tués et des millions déplacés. Les infrastructures du pays sont gravement endommagées, et les conditions de vie se détériorent.

- **Impact sur la Sécurité Régionale** : La guerre en Irak exacerbe les tensions sectaires au Moyen-Orient. L'irruption de l'insurrection et des groupes extrémistes, dont l'État islamique (EI), contribue à une déstabilisation régionale. L'Irak devient un terrain fertile pour le terrorisme et les conflits sectaires.

- **Répercussions sur la Politique Internationale** : La guerre en Irak est largement critiquée sur la scène internationale. Elle met en lumière des questions sur la légitimité des interventions militaires, la validité des renseignements utilisés pour justifier la guerre, et les effets du changement de régime forcé. La perte de crédibilité des États-Unis et l'affaiblissement des relations internationales en résultent.

- **Conséquences pour les États-Unis** : Les coûts financiers et humains de la guerre sont élevés pour les États-Unis. Le conflit engendre des dépenses militaires considérables et des pertes de vie, tout en alimentant des critiques sur la gestion de la guerre et la politique étrangère américaine. La guerre en Irak influence également la politique intérieure américaine et contribue à des débats sur la stratégie de défense et les priorités budgétaires.

- **Efforts de Stabilisation** : À partir de 2007, la stratégie américaine en Irak évolue avec l'introduction de la "surge" (augmentation temporaire des troupes) et des efforts accrus pour former les forces de sécurité irakiennes. La situation en Irak commence lentement à se stabiliser, mais les défis restent considérables.

- **Retrait des Troupes** : En 2011, les États-Unis annoncent leur retrait des troupes d'Irak, mettant fin à la présence militaire de combat. Cependant, les tensions et les conflits continuent en Irak, avec une résurgence de la violence sectaire et la montée en puissance de l'État islamique.

Réflexions et Leçons Apprises

- **Évaluation des Renseignements** : La guerre en Irak a souligné l'importance de l'exactitude des renseignements et des preuves dans la justification des interventions militaires. Les erreurs dans les évaluations des ADM ont eu des répercussions importantes sur la politique internationale et sur la crédibilité des décideurs.

- **Impact sur la Réputation Internationale** : Les conséquences de la guerre sur la réputation des États-Unis ont conduit à une réflexion sur le rôle de l'Amérique dans les affaires internationales et sur la manière de mener des interventions militaires.

- **Défis de la Reconstruction Post-Conflit** : La guerre en Irak a mis en évidence les défis complexes associés à la reconstruction post-conflit, y compris la nécessité de construire des institutions solides, de favoriser la réconciliation nationale, et de promouvoir la stabilité économique.

La guerre en Irak est un conflit aux implications profondes et durables. Initiée sous le prétexte de menaces sécuritaires et de la promotion de la démocratie, elle a eu des conséquences humanitaires, politiques et géopolitiques majeures. Les leçons tirées de cette guerre continuent d'influencer les politiques internationales et les stratégies de gestion des conflits à travers le monde.

--- 10 ---
LA REEMERGENCE DE LA RUSSIE : GEOPOLITIQUE ET CONFLITS

Contexte Historique et Politique

- **Effondrement de l'URSS (1991)** : Après l'effondrement de l'Union soviétique en 1991, la Russie émerge en tant qu'État indépendant, successeur de la superpuissance communiste. Les années 1990 sont marquées par des difficultés économiques et politiques, ainsi qu'une réorientation vers un modèle économique de marché et une démocratisation incertaine.

- **L'Ascension de Vladimir Poutine** : Vladimir Poutine devient président en 2000, après avoir exercé des fonctions importantes dans les services de renseignement (KGB) et comme Premier ministre. Son leadership marque une réaffirmation du pouvoir central et une politique de renforcement de l'influence russe, souvent en utilisant des méthodes autoritaires.

Ambitions Géopolitiques de la Russie

- **Restauration de l'Influence en Europe de l'Est** : La Russie cherche à restaurer son influence dans les anciennes républiques soviétiques et en Europe de l'Est. Les relations avec des pays comme l'Ukraine, la Géorgie, et la Moldavie sont marquées par des tensions et des conflits, en partie en raison des efforts de ces pays pour se rapprocher de l'UE et de l'OTAN.

- **Politique Énergétique** : La Russie utilise ses ressources énergétiques, principalement le gaz et le pétrole, comme un outil de politique étrangère. En contrôlant les flux énergétiques vers l'Europe, la Russie exerce une pression sur ses voisins et renforce son influence économique.

- **Intervention en Syrie** : Depuis 2015, la Russie intervient militairement en Syrie pour soutenir le régime de Bachar al-Assad. Cette intervention permet à la Russie de réaffirmer sa présence au Moyen-Orient, d'exercer une influence sur les négociations de paix, et de sécuriser des bases militaires en Méditerranée.

Conflits Régionaux et Internationaux

- **Conflit en Tchétchénie** : Au début des années 2000, la Russie intensifie ses actions militaires en Tchétchénie pour contrer les mouvements séparatistes islamistes. La guerre en Tchétchénie est caractérisée par des violences extrêmes et des violations des droits humains.

- **La Crimée et l'Ukraine (2014)** : En 2014, la Russie annexe la Crimée après un référendum controversé, provoquant une crise internationale majeure. Le conflit en Ukraine orientale suit, avec la Russie accusée de soutenir les séparatistes pro-russes. Ces actions entraînent des sanctions internationales contre la Russie et une réorientation des relations entre la Russie et l'Occident.

- **La Guerre en Géorgie (2008)** : La Russie intervient militairement en Géorgie pendant le conflit en Ossétie du Sud et en Abkhazie. L'intervention russe conduit à la reconnaissance des deux régions séparatistes comme indépendantes, exacerbant les tensions avec les pays occidentaux et augmentant les préoccupations concernant la sécurité en Europe de l'Est.

- **Cyberattaques et Influence Électorale** : La Russie est accusée de mener des cyberattaques contre des pays occidentaux et d'ingérer dans les processus électoraux, notamment lors des élections présidentielles américaines de 2016. Ces actions sont perçues comme des tentatives d'affaiblir les démocraties occidentales et d'exercer une influence sur la politique mondiale.

Répercussions et Conséquences

- **Relations avec l'Occident** : Les actions de la Russie en Ukraine et en Géorgie, ainsi que ses cyberattaques et ses ingérences, ont conduit à des sanctions économiques et à une détérioration des relations avec les États-Unis et l'Union européenne. Les tensions géopolitiques se manifestent également dans des forums internationaux comme le Conseil de sécurité de l'ONU.

- **Réarmement et Modernisation Militaire** : La Russie investit dans la modernisation de ses forces armées et le développement de nouvelles technologies militaires. La réémergence militaire de la Russie est visible à travers des démonstrations de force, des exercices militaires à grande échelle, et le déploiement de nouvelles armes.

- **Consolidation du Pouvoir Intern** : Sur le plan interne, le gouvernement russe renforce le contrôle politique et économique, limitant les libertés civiles et réprimant les opposants. Le régime de Poutine utilise des mesures autoritaires pour maintenir la stabilité intérieure et projeter une image de puissance sur la scène internationale.

- **Impact sur les Relations Internationales** : La réémergence de la Russie modifie les dynamiques de pouvoir globales, provoquant une reconfiguration des alliances et des stratégies de sécurité. Les tensions entre la Russie et l'Occident influencent les politiques de défense et de sécurité dans d'autres régions du monde, y compris en Asie et au Moyen-Orient.

La réémergence de la Russie comme puissance mondiale est caractérisée par une politique étrangère assertive, une réaffirmation militaire, et une volonté de restaurer son influence dans les affaires internationales. Les conflits régionaux, les tensions avec l'Occident, et les efforts de modernisation militaire sont des éléments clés de cette résurgence. La politique de la Russie continue d'avoir des implications profondes pour la stabilité mondiale, les relations internationales, et la sécurité régionale, façonnant le paysage géopolitique du XXIe siècle.

11

LA MONTEE EN PUISSANCE DE LA CHINE : CONFLITS ET COOPERATIONS

Contexte Historique et Politique

- **Réformes et Ouverture (1978)** : La montée en puissance de la Chine commence avec les réformes économiques introduites par Deng Xiaoping en 1978. Ces réformes mettent fin à l'économie planifiée et ouvrent la Chine au marché mondial, stimulant une croissance économique rapide.

- **Ascension Économique** : Depuis les années 1980, la Chine connaît une croissance économique spectaculaire, devenant la deuxième économie mondiale derrière les États-Unis. Cette ascension est alimentée par une industrialisation massive, des investissements étrangers, et une main-d'œuvre abondante et bon marché.

- **Renforcement de la Puissance Militaire** : La Chine modernise ses forces armées et investit dans la technologie militaire avancée. Le budget de défense chinois augmente régulièrement, reflétant une stratégie visant à accroître la capacité militaire et à projeter une influence régionale et mondiale.

Conflits et Tensions Régionales

- **Conflit en Mer de Chine Méridionale** : La Chine revendique une grande partie de la mer de Chine méridionale, un territoire riche en ressources et une route de navigation stratégique. Ces revendications se heurtent aux intérêts de plusieurs pays voisins, dont les Philippines, le Vietnam, et la Malaisie. La Chine construit des infrastructures militaires sur des îles artificielles, ce qui exacerbe les tensions avec les États-Unis et d'autres nations de la région.

- **Taiwan** : La question de Taiwan est l'un des principaux points de tension entre la Chine et les États-Unis. La Chine considère Taiwan comme une province rebelle et insiste sur la réunification, par la force si nécessaire. Les États-Unis soutiennent Taiwan en fournissant des armes et en renforçant les relations diplomatiques, ce qui entraîne des tensions croissantes entre Washington et Pékin.

- **Conflits Frontaliers avec l'Inde** : Les relations entre la Chine et l'Inde sont marquées par des conflits frontaliers, notamment dans l'Himalaya. Les deux pays ont connu des affrontements militaires dans la région du Ladakh, et les tensions restent élevées en raison des différends territoriaux.

Coopérations et Influence Mondiale

- **Initiative la Ceinture et la Route (BRI)** : Lancée en 2013, l'Initiative la Ceinture et la Route est un vaste projet d'infrastructure visant à améliorer les connexions commerciales entre la Chine et l'Asie, l'Europe, et l'Afrique. La BRI est conçue pour renforcer l'influence économique de la Chine et créer des réseaux commerciaux globaux.

- **Relations avec l'Afrique** : La Chine établit des relations solides avec de nombreux pays africains en investissant dans des infrastructures, des ressources naturelles, et en fournissant une aide au développement. Les entreprises chinoises sont également très actives en Afrique, contribuant à la croissance économique de la région tout en renforçant l'influence chinoise.

- **Partenariats Stratégiques** : La Chine développe des partenariats stratégiques avec plusieurs pays et organisations internationales. Elle est un membre actif des BRICS (Brésil, Russie, Inde, Chine, Afrique du Sud) et participe à des forums internationaux tels que l'Organisation des Nations Unies et le Groupe des Vingt (G20).

- **Coopération Économique Mondiale** : La Chine joue un rôle de plus en plus important dans l'économie mondiale, en tant que premier exportateur mondial et en investissant dans des entreprises et des infrastructures à travers le globe. Les accords commerciaux, les investissements étrangers, et les initiatives économiques chinoises ont un impact considérable sur les économies mondiales.

Répercussions Globales et Défis

- **Réalignement Géopolitique** : L'ascension de la Chine modifie les équilibres de pouvoir mondiaux. Les États-Unis et d'autres puissances occidentales réévaluent leurs stratégies diplomatiques et économiques en réponse à l'influence croissante de la Chine. Les rivalités entre les grandes puissances se manifestent dans des domaines tels que le commerce, la technologie, et la politique étrangère.

- **Impact Environnemental** : L'expansion économique rapide de la Chine entraîne des défis environnementaux importants, notamment la pollution de l'air et de l'eau, ainsi que des impacts sur le climat mondial. La Chine joue un rôle clé dans les négociations internationales sur le climat et les efforts pour réduire les émissions de gaz à effet de serre.

- **Technologie et Cybersécurité** : La Chine investit massivement dans les technologies émergentes, telles que l'intelligence artificielle, la 5G, et les infrastructures numériques. Cependant, les préoccupations concernant la cybersécurité et la surveillance font l'objet de tensions, notamment avec les États-Unis et d'autres pays occidentaux.

- **Droits de l'Homme et Réputation Internationale** : Les politiques intérieures de la Chine, y compris les questions liées aux droits de l'homme et aux libertés civiles, sont souvent critiquées par la communauté internationale. Les traitements des minorités ethniques et les restrictions sur la liberté d'expression ont un impact sur la réputation de la Chine à l'échelle mondiale.

La montée en puissance de la Chine est un phénomène multidimensionnel qui transforme les dynamiques géopolitiques globales. La Chine exerce une influence croissante à travers des initiatives économiques, des stratégies militaires, et des relations diplomatiques étendues. En même temps, elle est confrontée à des défis liés aux tensions régionales, aux préoccupations environnementales, et aux critiques sur les droits de l'homme. La gestion de ces conflits et coopérations déterminera en grande partie le futur rôle de la Chine dans le système international et les relations entre grandes puissances.

12

LES REVOLUTIONS ARABES ET LE PRINTEMPS ARABE

Contexte et Causes des Révolutions

- **Dictature et Autocratie** : La majorité des pays arabes étaient dirigés par des régimes autoritaires avec peu de place pour l'opposition politique. Les dirigeants, souvent en place depuis des décennies, maintenaient un contrôle strict sur la société, étouffant les libertés politiques et limitant les réformes démocratiques.

- **Problèmes Économiques** : Les problèmes économiques étaient omniprésents, notamment le chômage élevé, l'inflation, et la corruption. Les jeunes, en particulier, faisaient face à des perspectives d'emploi limitées et à une détérioration des conditions de vie, alimentant le mécontentement populaire.

- **Inégalités Sociales** : Les inégalités croissantes entre les élites et les populations ordinaires, ainsi que les disparités régionales, ont exacerbé les frustrations. Les revendications pour une meilleure répartition des ressources et des opportunités ont été des moteurs clés des mouvements.

- **Inspirations et Médias Sociaux** : Les succès des manifestations en Tunisie, qui ont mené à la chute de Ben Ali, ont servi de modèle et d'inspiration pour d'autres pays arabes. Les médias sociaux ont joué un rôle crucial en facilitant l'organisation des manifestations et en diffusant les appels au changement.

Déroulement des Révolutions

- **Tunisie (Décembre 2010 - Janvier 2011)** : Les manifestations commencent après l'auto-immolation de Mohamed Bouazizi, un vendeur ambulant, en réponse à la humiliation et aux abus des autorités. Les protestations se propagent rapidement à travers le pays, conduisant à la chute du président Zine El Abidine Ben Ali, qui fuit le pays le 14 janvier 2011.

- **Égypte (Janvier - Février 2011)** : Inspirés par la Tunisie, des millions d'Égyptiens se rassemblent sur la place Tahrir au Caire pour protester contre le régime de Hosni Moubarak. Les manifestations massives, accompagnées de grèves et de sit-in, poussent Moubarak à démissionner le 11 février 2011 après 30 ans au pouvoir.

- **Libye (Février - Octobre 2011)** : Les protestations contre le régime de Mouammar Kadhafi se transforment en une guerre civile. Les forces de l'OTAN interviennent en soutien aux rebelles. La guerre se termine par la capture et l'exécution de Kadhafi en octobre 2011.

- **Yémen (Janvier 2011 - Février 2012)** : Les manifestations contre le président Ali Abdullah Saleh, en place depuis 33 ans, conduisent à un accord de transition sous la pression internationale. Saleh accepte de se retirer et un nouveau président, Abd-Rabbu Mansour Hadi, est élu en février 2012.

- **Syrie (Mars 2011 - Présent)** : Les manifestations commencent en mars 2011 avec des appels pour des réformes politiques et la fin de la corruption. La répression violente du régime de Bachar al-Assad conduit à un conflit armé qui se transforme en une guerre civile complexe impliquant des acteurs nationaux et internationaux. La crise syrienne devient l'un des conflits les plus dévastateurs de la région.

- **Bahrain (Février - Mars 2011)** : Les manifestations appelant à des réformes politiques et à la fin de la discrimination contre la majorité chiite sont réprimées par le gouvernement. Les forces saoudiennes interviennent pour soutenir le régime bahraini, et les protestations sont brutalement réprimées.

Conséquences et Répercussions

- **Changements Politiques** : Les révolutions ont conduit à des changements politiques importants dans certains pays, comme la Tunisie et l'Égypte. Cependant, les transitions vers la démocratie ont été compliquées et les résultats variés. En Tunisie, malgré des défis persistants, un processus démocratique relativement réussi s'est établi. En Égypte, le renversement de Moubarak a été suivi par une période de gouvernance islamiste sous les Frères musulmans, puis par un coup d'État militaire en 2013, entraînant un retour au régime autoritaire sous Abdel Fattah el-Sissi.

- **Instabilité Régionale** : Les révolutions ont entraîné une instabilité régionale significative. La Libye et le Yémen sont tombés dans des conflits prolongés et complexes. La Syrie est devenue un foyer de violence extrême, avec des répercussions humanitaires et géopolitiques majeures.

- **Régimes Restés au Pouvoir** : Dans certains pays comme le Maroc et la Jordanie, les régimes ont réussi à éviter des changements de régime en mettant en place des réformes limitées et en répondant partiellement aux revendications populaires.

- **Impact sur la Géopolitique** : Les révolutions ont eu des implications sur les relations internationales et la géopolitique. La montée des groupes islamistes radicaux, les interventions militaires étrangères, et les rivalités régionales ont contribué à une dynamique complexe dans la région.

- **Répercussions Économiques** : Les révolutions ont eu des effets économiques variés. La crise économique a été exacerbée dans certains pays en raison de l'instabilité politique, tandis que d'autres ont continué à faire face à des défis économiques majeurs malgré les changements politiques.

- **Réformes et Droits de l'Homme** : Les mouvements ont mis en lumière les questions des droits de l'homme et des réformes politiques. Les espoirs de démocratisation et de respect des droits humains ont été confrontés à des défis considérables, avec des résultats souvent en deçà des attentes des manifestants.

Les Révolutions Arabes et le Printemps Arabe ont marqué un tournant historique pour le monde arabe, avec des implications profondes et durables pour la politique, l'économie, et la société dans la région. Les aspirations pour le changement et les réformes se sont heurtées à des défis complexes, allant de la répression autoritaire à la fragmentation interne et aux interventions internationales. Les répercussions de ces révolutions continuent de se faire sentir, influençant la trajectoire politique et socio-économique de nombreux pays arabes et redéfinissant les dynamiques régionales et internationales.

Contexte Historique et Politique

- **Contexte Historique** : L'Ukraine, ancienne république soviétique, a longtemps été au cœur des tensions entre l'Occident et la Russie. Après l'indépendance en 1991, l'Ukraine a navigué entre l'influence russe et les aspirations occidentales, avec des tensions entre l'orientation pro-européenne et pro-russe.

- **Révolutions et Instabilités** : Les révolutions en Ukraine, comme la Révolution orange en 2004 et les manifestations de Maïdan en 2013-2014, illustrent la lutte interne pour l'orientation politique du pays. Les manifestations de Maïdan, connues sous le nom de Révolution de la dignité, étaient dirigées contre le président pro-russe Viktor Ianoukovitch et ses politiques pro-russes.

Déroulement de la Crise

- **Protestations et Chute de Ianoukovitch** : En novembre 2013, des milliers de manifestants se rassemblent sur la place Maïdan à Kiev pour protester contre la décision du président Ianoukovitch de suspendre un accord d'association avec l'Union européenne en faveur de liens plus étroits avec la Russie. Les manifestations, qui deviennent violentes en janvier 2014, conduisent à la fuite de Ianoukovitch en février 2014 et à la formation d'un nouveau gouvernement pro-européen.

- **Annexion de la Crimée (Février - Mars 2014)** : En réponse au changement de gouvernement à Kiev, la Russie commence à déployer des troupes non identifiées en Crimée en février 2014. En mars 2014, un référendum controversé est organisé en Crimée, où la majorité des votants choisissent de rejoindre la Russie. La Russie annexe officiellement la Crimée le 18 mars 2014, une action largement condamnée par la communauté internationale.

- **Conflit dans l'Est de l'Ukraine** : Après l'annexion de la Crimée, des mouvements séparatistes pro-russes émergent dans les oblasts de Donetsk et de Louhansk, dans l'est de l'Ukraine. Les séparatistes, soutenus par la Russie, déclarent l'indépendance et un conflit armé éclate entre les forces ukrainiennes et les groupes séparatistes. Le conflit, souvent qualifié de guerre de Donbass, entraîne des milliers de morts et un déplacement massif de population.

Réactions Internationales

- **Sanctions contre la Russie** : En réponse à l'annexion de la Crimée et aux actions en Ukraine orientale, les États-Unis, l'Union européenne et d'autres pays imposent des sanctions économiques contre la Russie. Ces sanctions ciblent des secteurs clés de l'économie russe, y compris les finances, l'énergie, et la défense.

- **Réactions de la Communauté Internationale** : L'annexion de la Crimée est largement condamnée par la communauté internationale. L'Assemblée générale des Nations Unies adopte une résolution déclarant le référendum en Crimée illégal et affirmant l'intégrité territoriale de l'Ukraine.

- **Accords de Minsk** : En septembre 2014 et février 2015, des accords de paix connus sous le nom d'Accords de Minsk sont signés pour tenter de mettre fin aux combats dans l'est de l'Ukraine. Les accords prévoient un cessez-le-feu, un retrait des armes lourdes, et des réformes politiques en Ukraine. Cependant, leur mise en œuvre est incomplète et les tensions persistent.

Conséquences et Répercussions

- **Impact sur la Géopolitique Européenne** : La crise ukrainienne et l'annexion de la Crimée ont profondément modifié le paysage géopolitique en Europe. La Russie est perçue comme un défi majeur pour la stabilité européenne, et l'OTAN renforce sa présence en Europe de l'Est en réponse à l'agression perçue de la Russie.

- **Consolidation du Pouvoir de Poutine** : La politique étrangère agressive de la Russie, y compris l'annexion de la Crimée, a renforcé la position de Vladimir Poutine à l'intérieur du pays, où il est perçu comme un défenseur des intérêts russes face à l'Occident.

- **Effets sur les Relations Russie-Occident** : Les relations entre la Russie et l'Occident se détériorent considérablement en raison des événements en Ukraine. La confrontation géopolitique entre les grandes puissances se renforce, avec des impacts sur les politiques de sécurité, les relations économiques, et les alliances internationales.

- **Crise Humanitaire et Réfugiés** : Le conflit en Ukraine orientale a entraîné une grave crise humanitaire, avec des milliers de personnes tuées, blessées, et déplacées. Les conditions de vie dans les zones de conflit sont extrêmement difficiles, avec des besoins humanitaires croissants.

- **Réformes Internes en Ukraine** : Le conflit et l'annexion de la Crimée ont poussé l'Ukraine à entreprendre des réformes importantes, y compris des changements politiques et économiques visant à renforcer la gouvernance démocratique et à moderniser l'économie.

La crise ukrainienne et l'annexion de la Crimée sont des événements marquants qui ont redéfini les relations internationales au XXIe siècle. Ces événements ont mis en lumière les tensions entre les intérêts russes et occidentaux, la complexité des conflits régionaux, et les défis associés à la souveraineté nationale et à l'intégrité territoriale. Les conséquences de ces événements continuent de se faire sentir dans les relations internationales, la sécurité européenne, et la politique intérieure en Ukraine et en Russie.

14

LES TENSIONS EN ASIE-PACIFIQUE : MER DE CHINE ET RIVALITES

Contexte Géopolitique et Stratégique

- **Importance Stratégique** : La région Asie-Pacifique est d'une importance stratégique majeure en raison de ses routes commerciales vitales, de ses ressources naturelles, et de ses intérêts économiques croissants. La Mer de Chine méridionale est particulièrement significative, avec un passage crucial pour le commerce maritime mondial et des réserves potentielles de pétrole et de gaz.

- **Présence Militaire** : Les États-Unis, la Chine, le Japon, l'Inde, et d'autres nations ont des intérêts stratégiques dans la région. Les États-Unis maintiennent une présence militaire importante dans la région à travers des alliances et des bases, tandis que la Chine cherche à étendre son influence et à sécuriser ses revendications territoriales.

Conflits en Mer de Chine

- **Mer de Chine Méridionale** : La Mer de Chine méridionale est au cœur des tensions en Asie-Pacifique. La Chine revendique une grande partie de cette mer, couvrant environ 90% de la zone, à travers la ligne des neuf traits, une revendication historique contestée par plusieurs pays riverains, notamment les Philippines, le Vietnam, la Malaisie, et Brunei. Les revendications de la Chine sont basées sur des arguments historiques et des preuves cartographiques, mais elles sont largement contestées par la communauté internationale.

- **Construction d'Îles Artificielles** : La Chine a entrepris d'importants travaux de construction sur des îles et des récifs en Mer de Chine méridionale, transformant des récifs coralliens en îles artificielles et en installations militaires. Cette expansion est perçue comme une tentative de militariser la région et de renforcer ses revendications territoriales.

- **Conflits avec les Philippines et le Vietnam** : Les Philippines et le Vietnam ont des revendications concurrentes en Mer de Chine méridionale. Les incidents entre les forces chinoises et les navires philippins ou vietnamiens, ainsi que les préoccupations concernant les activités de pêche et d'exploration pétrolière, exacerbent les tensions régionales.

- **Décision de la Cour Permanente d'Arbitrage (2016)** : En 2016, la Cour Permanente d'Arbitrage à La Haye a rendu une décision en faveur des Philippines, concluant que les revendications chinoises basées sur la ligne des neuf traits n'avaient pas de base légale. La Chine rejette cette décision et continue de renforcer ses positions en Mer de Chine méridionale.

Rivalités Régionales et Influence Internationale

- **Rivalité USA-Chine** : La rivalité entre les États-Unis et la Chine est un facteur clé des tensions en Asie-Pacifique. Les États-Unis ont intensifié leur présence militaire dans la région, organisant des patrouilles de liberté de navigation et des exercices militaires pour contrer les revendications chinoises. La Chine, en réponse, accuse les États-Unis d'ingérence et de provocations.

- **Alliance et Coopération Régionales** : Les alliances régionales jouent un rôle important dans la gestion des tensions. Le Japon et l'Australie, en tant que partenaires de sécurité des États-Unis, collaborent avec les États-Unis et renforcent leurs capacités militaires pour contrer les ambitions chinoises. De plus, des forums multilatéraux tels que l'Association des Nations de l'Asie du Sud-Est (ASEAN) cherchent à trouver des solutions diplomatiques aux disputes territoriales.

- **Développement Militaire** : La Chine investit massivement dans le développement de ses capacités militaires, y compris la construction de porte-avions, de sous-marins nucléaires, et de systèmes de défense anti-aériens. Les États-Unis et leurs alliés renforcent également leur présence militaire et leurs capacités dans la région, augmentant les risques de confrontation.

- **Diplomatie et Engagements Internationaux** : Les parties prenantes tentent de gérer les tensions à travers des dialogues diplomatiques et des engagements internationaux. Les discussions sur un Code de conduite en Mer de Chine méridionale visent à établir des règles de conduite et à éviter les conflits, mais des désaccords persistent quant à son application et à son efficacité.

Conséquences et Répercussions

- **Impact Économique** : Les tensions en Asie-Pacifique ont des implications économiques importantes. Les disputes territoriales et les confrontations en Mer de Chine méridionale peuvent affecter les routes commerciales cruciales et perturber les échanges économiques régionaux. Les incertitudes géopolitiques peuvent également influencer les investissements étrangers et les relations commerciales.

- **Sécurité Régionale** : Les tensions augmentent les risques de conflits militaires, avec des implications pour la sécurité régionale. Les incidents en mer, les confrontations aériennes, et les provocations militaires peuvent provoquer des escalades imprévues et des conflits ouverts.

- **Influence Globale** : La rivalité en Asie-Pacifique influence les relations internationales et les politiques de sécurité globales. Les alliances, les partenariats et les stratégies géopolitiques sont redéfinis en réponse aux évolutions en Asie-Pacifique, et les grandes puissances ajustent leurs politiques pour répondre aux défis de la région.

- **Impact sur les Relations Internationales** : Les tensions en Asie-Pacifique affectent les relations entre les grandes puissances et les acteurs régionaux. Les stratégies et les alliances sont ajustées en fonction des développements en Mer de Chine et des rivalités géopolitiques.

Les tensions en Asie-Pacifique, en particulier autour de la Mer de Chine, reflètent des rivalités géopolitiques complexes impliquant des revendications territoriales, des intérêts économiques, et des préoccupations de sécurité. Les conflits en mer, les rivalités entre grandes puissances, et les défis diplomatiques façonnent le paysage stratégique de la région. La gestion de ces tensions nécessite une combinaison de diplomatie, de coopération multilatérale, et de stratégies de sécurité pour éviter des confrontations ouvertes et promouvoir la stabilité régionale.

15

LES CHANGEMENTS CLIMATIQUES ET LA SECURITE GLOBALE

Impact des Changements Climatiques sur les Ressources

- **Ressources en Eau** : Les changements climatiques entraînent des modifications dans les régimes de précipitations et des sécheresses plus fréquentes et sévères. Cela peut réduire l'accès à l'eau douce, affectant l'agriculture et les besoins en eau des populations, ce qui peut entraîner des conflits pour les ressources entre communautés ou nations partageant des bassins fluviaux transfrontaliers.

- **Sécurité Alimentaire** : Les changements climatiques affectent les rendements agricoles en modifiant les températures, les régimes de précipitations, et en augmentant la fréquence des événements climatiques extrêmes. La perte de terres agricoles et la diminution de la production alimentaire peuvent provoquer des pénuries alimentaires, des hausses de prix, et des migrations forcées, exacerbant les tensions sociales et politiques.

- **Ressources Énergétiques** : Les conditions climatiques affectent également les ressources énergétiques, notamment en modifiant les niveaux de production d'énergie renouvelable comme l'hydroélectricité. La dépendance accrue aux combustibles fossiles peut également entraîner des conflits pour l'accès aux réserves d'énergie et des tensions géopolitiques autour des zones d'extraction.

Effets des Changements Climatiques sur les Conflits et les Instabilités

- **Conflits pour les Ressources** : Les pénuries de ressources naturelles, exacerbées par les changements climatiques, peuvent engendrer des conflits entre pays ou à l'intérieur des pays. Les disputes pour l'accès à l'eau, la terre arable, et les ressources énergétiques peuvent intensifier les tensions entre les communautés et les nations.

- **Migrations Climatiques** : Les changements climatiques peuvent provoquer des migrations massives en raison de la montée du niveau de la mer, des sécheresses, et des catastrophes naturelles. Les déplacements de populations créent des pressions sur les infrastructures et les ressources dans les régions d'accueil, pouvant conduire à des conflits et des tensions entre migrants et populations locales.

- **Instabilité Politique** : Les impacts économiques des changements climatiques, comme les pertes agricoles et les dommages aux infrastructures, peuvent exacerber les inégalités sociales et économiques, entraînant des instabilités politiques et des troubles civils. Les gouvernements peuvent avoir du mal à répondre aux défis climatiques, ce qui peut affaiblir leur légitimité et provoquer des tensions internes.

Impact sur les Structures de Sécurité et les Relations Internationales

- **Sécurité Nationale** : Les changements climatiques posent des défis importants pour les capacités de défense et de sécurité nationale. Les catastrophes climatiques peuvent endommager les infrastructures critiques, comme les bases militaires et les systèmes de communication, et affecter les opérations militaires et la planification stratégique.

- **Coopération Internationale** : Les défis climatiques nécessitent une coopération internationale accrue pour gérer les impacts transfrontaliers et promouvoir des solutions collectives. Les accords internationaux, comme l'Accord de Paris sur le climat, visent à réduire les émissions de gaz à effet de serre et à soutenir les efforts d'adaptation. Cependant, la mise en œuvre de ces accords peut être compliquée par les intérêts nationaux divergents et les inégalités entre les pays développés et en développement.

- **Sécurité Régionale** : Les impacts climatiques varient selon les régions, ce qui peut créer des tensions entre voisins. Par exemple, les pays riverains de grands fleuves transfrontaliers peuvent se disputer l'accès à l'eau en cas de diminution des ressources, et les îles vulnérables à la montée du niveau de la mer peuvent chercher du soutien international pour leur survie.

Réponses et Adaptation aux Changements Climatiques

- **Stratégies d'Adaptation** : Les pays doivent développer des stratégies d'adaptation pour gérer les impacts des changements climatiques, y compris des plans pour la gestion des ressources en eau, la protection des infrastructures critiques, et l'amélioration des systèmes de sécurité alimentaire. L'adaptation peut également inclure la modernisation des infrastructures pour résister aux événements climatiques extrêmes et la mise en place de mécanismes de gestion des migrations.

- **Renforcement des Capacités** : Les investissements dans les capacités de résilience et les technologies vertes peuvent aider à atténuer les impacts des changements climatiques. La coopération internationale dans la recherche et le développement de technologies de réduction des émissions et d'adaptation peut soutenir les efforts pour répondre aux défis climatiques.

- **Engagement Multilatéral** : Les institutions internationales et régionales jouent un rôle clé dans la coordination des efforts pour faire face aux défis climatiques. Les forums de discussion, les traités internationaux, et les organisations de développement peuvent fournir un cadre pour la coopération et la résolution des conflits liés aux changements climatiques.

Les changements climatiques représentent un défi majeur pour la sécurité globale, affectant les ressources naturelles, les conflits, et les structures de sécurité. La gestion des impacts climatiques nécessite une approche intégrée qui combine des stratégies d'adaptation, des efforts de coopération internationale, et des initiatives de renforcement des capacités. La capacité des nations à répondre efficacement aux défis climatiques sera cruciale pour maintenir la stabilité et la sécurité à l'échelle mondiale, tout en minimisant les risques de conflits et en favorisant une résilience durable face aux impacts environnementaux.

16

LES CYBERS CONFLITS ET LES NOUVELLES TECHNOLOGIES DE GUERRE

Cyberconflits : Menaces et Dynamique

- **Nature des Cyberattaques** : Les cyberattaques impliquent l'utilisation de technologies informatiques pour perturber, endommager ou espionner des systèmes informatiques. Elles peuvent viser des infrastructures critiques, comme les réseaux électriques, les systèmes de communication, et les bases de données gouvernementales. Les cyberattaques peuvent également inclure le vol de données sensibles, la propagation de logiciels malveillants, et le sabotage des systèmes numériques.

- **Acteurs des Cyberconflits** : Les cyberconflits peuvent être menés par divers acteurs, y compris des États-nations, des groupes de hackers, des organisations criminelles, et des individus. Les États peuvent utiliser des cyberattaques pour mener des opérations de renseignement, perturber les systèmes de leurs adversaires, ou mener des campagnes de désinformation.

- **Exemples Notables** :
  - **Attaque de Stuxnet (2010)** : Un virus informatique sophistiqué, probablement développé par les États-Unis et Israël, a ciblé les centrifugeuses nucléaires iraniennes, causant des dommages significatifs au programme nucléaire iranien.

- o **Attaque de l'Ukraine (2015-2016)** : Des cyberattaques ont visé les infrastructures électriques ukrainiennes, entraînant des pannes d'électricité massives et illustrant les vulnérabilités des infrastructures critiques.
- **Réponses et Défenses** : Les pays et les organisations mettent en place des stratégies de cybersécurité pour protéger leurs systèmes contre les cyberattaques. Cela inclut le développement de capacités de détection et de réponse aux incidents, la mise en œuvre de protocoles de sécurité renforcés, et la formation des personnels en cybersécurité. Les alliances internationales et les accords sur la cybersécurité visent également à renforcer la coopération et à établir des normes pour la conduite des cyberopérations.

Nouvelles Technologies de Guerre

- **Drones et Véhicules Autonomes** : Les drones et les véhicules autonomes jouent un rôle croissant dans les opérations militaires modernes. Les drones peuvent être utilisés pour des missions de reconnaissance, des frappes aériennes, et la surveillance. Les véhicules autonomes, y compris les robots terrestres, sont utilisés pour des opérations de déminage, de reconnaissance, et d'assistance logistique.
  - o **Exemple : Drones de Combat** : Les drones comme le MQ-9 Reaper sont utilisés par les forces armées pour mener des

frappes ciblées contre des cibles ennemies avec une précision accrue.

- **Intelligence Artificielle (IA)** : L'IA est intégrée dans divers aspects des opérations militaires, y compris l'analyse de données, la reconnaissance d'images, et la prise de décision stratégique. L'IA peut améliorer la précision des systèmes d'armement, optimiser les stratégies militaires, et permettre des simulations plus réalistes.
  - **Exemple : Systèmes d'Armes Autonomes** : Les systèmes d'armes autonomes, qui utilisent l'IA pour identifier et engager des cibles sans intervention humaine directe, soulèvent des questions éthiques et juridiques sur la prise de décision en matière de vie et de mort.
- **Guerre Électronique** : La guerre électronique implique l'utilisation de technologies pour perturber ou neutraliser les systèmes de communication, de navigation, et de détection de l'ennemi. Cela comprend le brouillage des communications, la perturbation des signaux GPS, et la détection des radars.
  - **Exemple : Brouillage GPS** : Des systèmes de brouillage peuvent être utilisés pour perturber les systèmes de navigation basés sur le GPS, affectant la précision des frappes aériennes et des opérations militaires au sol.
- **Technologies de Surveillance** : Les technologies de surveillance, y compris les satellites, les capteurs, et les caméras, sont utilisées pour la surveillance et la collecte de renseignements. Ces

technologies permettent une observation en temps réel et une collecte de données étendue, améliorant la capacité de détection et de réponse.

- ○ **Exemple : Satellites d'Observation** : Les satellites permettent de surveiller les mouvements militaires et les infrastructures critiques à l'échelle mondiale, offrant des renseignements précieux pour la planification stratégique.

Implications Stratégiques et Éthiques

- **Changements dans les Stratégies Militaires** : L'intégration des nouvelles technologies modifie les stratégies militaires en offrant de nouvelles capacités et en modifiant les dynamiques de pouvoir. Les conflits modernes deviennent de plus en plus hybrides, combinant des opérations conventionnelles et non conventionnelles.

- **Questions Éthiques et Juridiques** : Les nouvelles technologies, en particulier les systèmes d'armes autonomes et les cyberattaques, soulèvent des questions éthiques et juridiques importantes. Les préoccupations incluent la responsabilité en cas de dommages collatéraux, les droits de l'homme, et la réglementation de l'utilisation des technologies militaires avancées.

- **Impact sur la Sécurité Globale** : Les nouvelles technologies de guerre augmentent les capacités des États et des acteurs non étatiques, mais elles introduisent également de nouveaux risques.

Les capacités de cyberattaques, la prolifération des armes autonomes, et l'utilisation des technologies pour la surveillance de masse peuvent affecter la stabilité internationale et la sécurité des sociétés.

Réponses et Adaptations

- **Politiques de Régulation et de Contrôle** : Les gouvernements et les organisations internationales travaillent à établir des régulations et des accords pour encadrer l'utilisation des nouvelles technologies de guerre, y compris les discussions sur les armes autonomes et les cybernormes.

- **Coopération Internationale** : La coopération internationale est essentielle pour gérer les défis posés par les nouvelles technologies. Les alliances, les forums internationaux, et les accords bilatéraux permettent de partager des informations, de coordonner des réponses, et de promouvoir des normes de conduite responsables.

- **Formation et Sensibilisation** : La formation des personnels militaires et des spécialistes en cybersécurité est cruciale pour gérer les risques associés aux nouvelles technologies. Les exercices et les simulations permettent de préparer les forces armées aux défis technologiques et de tester les capacités de réponse.

Les cyberconflits et les nouvelles technologies de guerre transforment le paysage de la sécurité globale, introduisant de nouveaux défis et opportunités. Les avancées en cybersécurité, en drones, en intelligence artificielle, et en guerre électronique modifient les stratégies militaires et les dynamiques de pouvoir. Pour faire face à ces évolutions, il est essentiel de développer des politiques de régulation, de promouvoir la coopération internationale, et de renforcer les capacités de réponse et de gestion des risques. La capacité des nations à naviguer dans cet environnement technologique complexe sera cruciale pour maintenir la stabilité et la sécurité à l'échelle mondiale.

17

LES DEFIS MIGRATOIRES ET LES REPERCUSSIONS GEOPOLITIQUES

Les Facteurs Déclencheurs de la Migration

- **Conflits Armés et Violence** : Les guerres, les conflits armés, et les violences politiques sont des moteurs majeurs de la migration forcée. Les personnes fuient les zones de conflit pour échapper aux dangers immédiats, chercher la sécurité et préserver leurs vies. Par exemple, les conflits en Syrie, en Afghanistan, et en Ukraine ont provoqué des vagues massives de réfugiés.

- **Catastrophes Naturelles et Changements Climatiques** : Les catastrophes naturelles, comme les tremblements de terre, les inondations, et les ouragans, ainsi que les impacts des changements climatiques, comme la montée du niveau de la mer et les sécheresses, forcent les populations à se déplacer. Les îles menacées par la montée des eaux et les régions arides souffrant de pénuries d'eau sont particulièrement vulnérables.

- **Facteurs Économiques et Sociaux** : Les inégalités économiques, la pauvreté, et le manque d'opportunités d'emploi poussent les gens à migrer vers des pays offrant de meilleures perspectives économiques et une qualité de vie améliorée. Les migrations économiques peuvent également entraîner des migrations temporaires ou circulaires, avec des personnes se déplaçant pour travailler et envoyer des fonds à leurs familles.

- **Persécution et Violations des Droits de l'Homme** : Les violations des droits de l'homme, les persécutions ethniques ou religieuses, et la répression politique conduisent également à des migrations forcées. Les personnes persécutées pour leurs croyances, leur orientation sexuelle, ou leur identité ethnique peuvent chercher refuge dans des pays offrant une protection.

Répercussions sur les Pays d'Accueil

- **Pression sur les Infrastructures et les Services** : L'arrivée d'un grand nombre de migrants peut exercer une pression sur les infrastructures publiques, telles que le logement, les écoles, et les systèmes de santé. Les pays d'accueil doivent adapter leurs services pour répondre aux besoins croissants des nouvelles populations.

- **Impact Économique** : Les migrations peuvent avoir des impacts économiques positifs et négatifs. Les migrants peuvent contribuer à l'économie en comblant des pénuries de main-d'œuvre, en apportant de nouvelles compétences, et en créant de la demande pour des biens et services. Cependant, des coûts peuvent également être associés à l'intégration des migrants et à la gestion des tensions sociales.

- **Tensions Sociales et Culturelles** : L'afflux de migrants peut provoquer des tensions sociales et culturelles, notamment si les populations locales perçoivent les migrants comme une menace pour leur identité culturelle ou leur sécurité économique.

L'intégration des migrants peut soulever des défis liés aux différences culturelles, linguistiques, et religieuses.

- **Politiques Migratoires et Populisme** : Les défis migratoires peuvent influencer les politiques nationales, avec certains partis politiques utilisant la question de l'immigration pour mobiliser leur base électorale. Le populisme anti-migratoire peut conduire à des politiques plus restrictives et à des tensions politiques internes.

Répercussions sur les Pays d'Origine

- **Perte de Main-d'œuvre et de Talents** : La migration peut entraîner une perte de main-d'œuvre qualifiée et de talents dans les pays d'origine, affectant leur développement économique et leur capacité à reconstruire après les conflits ou les catastrophes.

- **Envois de Fonds** : Les migrants envoient souvent des fonds à leurs familles restées au pays d'origine, ce qui peut constituer une source importante de revenus pour ces familles et soutenir les économies locales. Cependant, la dépendance accrue aux envois de fonds peut également créer une vulnérabilité économique.

- **Développement et Reconstruction** : La migration forcée en raison de conflits ou de catastrophes peut compliquer les efforts de développement et de reconstruction dans les pays d'origine. Les ressources et l'attention peuvent être détournées pour gérer les crises migratoires plutôt que pour les projets de développement à long terme.

Implications Géopolitiques

- **Relations Internationales** : Les défis migratoires peuvent influencer les relations internationales, avec des pays d'accueil cherchant des solutions de coopération avec d'autres nations pour gérer les flux migratoires. Les accords internationaux et les initiatives de gestion des migrations peuvent être nécessaires pour coordonner les réponses et partager les responsabilités.

- **Sécurité et Stabilité Régionale** : Les migrations massives peuvent avoir des implications pour la sécurité régionale. Les mouvements de population peuvent exacerber les tensions entre les pays voisins ou créer des opportunités pour des groupes extrémistes exploitant les vulnérabilités dans les zones de crise.

- **Politique Étrangère** : Les migrations peuvent également influencer la politique étrangère, avec des pays d'origine et des pays d'accueil ajustant leurs relations en fonction des dynamiques migratoires. Les pays d'accueil peuvent exercer des pressions sur les pays d'origine pour améliorer les conditions de vie ou résoudre les causes profondes des migrations.

- **Défis Humanitaires** : Les défis migratoires posent des questions humanitaires complexes, notamment en matière de droits de l'homme, de protection des réfugiés, et de respect des conventions internationales. Les organisations humanitaires et les agences internationales jouent un rôle crucial dans la fourniture de secours et de protection aux populations migrantes.

Réponses et Solutions

- **Politiques d'Intégration** : Les pays d'accueil peuvent mettre en place des politiques d'intégration pour faciliter l'adaptation des migrants, y compris des programmes de formation linguistique, des initiatives d'emploi, et des services de soutien à la communauté.

- **Coopération Internationale** : La coopération internationale est essentielle pour gérer les défis migratoires. Les accords multilatéraux et les initiatives de partage des responsabilités permettent de coordonner les efforts et de soutenir les pays en première ligne de la crise migratoire.

- **Développement Durable et Aide Humanitaire** : Investir dans le développement durable et fournir une aide humanitaire ciblée aux pays d'origine peut aider à résoudre les causes profondes des migrations. Les efforts pour améliorer les conditions de vie, renforcer la résilience aux catastrophes, et soutenir la paix et la sécurité sont cruciaux.

- **Réformes Politiques et Réglementaires** : Les réformes politiques et réglementaires peuvent être nécessaires pour améliorer la gestion des migrations, protéger les droits des migrants, et garantir des procédures équitables pour l'asile et la protection internationale.

Les défis migratoires ont des répercussions géopolitiques complexes et multidimensionnelles. Les migrations forcées par les conflits, les catastrophes naturelles, et les facteurs économiques influencent la stabilité régionale, les politiques nationales, et les relations internationales. Une approche intégrée, fondée sur la coopération internationale, les politiques d'intégration, et les efforts de développement durable, est essentielle pour gérer les défis migratoires de manière efficace et humaine. La capacité des nations à naviguer dans ces dynamiques sera cruciale pour promouvoir la stabilité, la sécurité, et le bien-être des populations à l'échelle mondiale.

18

L'ÉVOLUTION DES ALLIANCES MILITAIRES : OTAN ET BRICS

L'OTAN : De la Guerre Froide à l'Expansion Post-Guerre Froide

- **Origines et Mission Initiale** : L'OTAN a été créée en 1949 comme une alliance militaire défensive entre les États-Unis, le Canada, et plusieurs pays européens pour contrer la menace perçue de l'Union soviétique durant la Guerre froide. L'objectif principal était de garantir la sécurité collective des membres en vertu de l'article 5 du Traité de l'Atlantique Nord, qui stipule qu'une attaque contre un membre est considérée comme une attaque contre tous.

- **Expansion Post-Guerre Froide** : Après la fin de la Guerre froide, l'OTAN a connu une expansion significative vers l'est, intégrant des pays d'Europe centrale et orientale anciennement sous influence soviétique. Cette expansion a été motivée par la volonté de stabiliser la région et de promouvoir des valeurs démocratiques et de sécurité collective.

- **Interventions et Réformes** : L'OTAN s'est impliquée dans diverses interventions militaires au cours des dernières décennies, y compris en Afghanistan (Opération Enduring Freedom), en Libye (Opération Unified Protector), et dans les Balkans (Opérations Joint Endeavor et Allied Force). Ces interventions ont élargi le rôle de l'OTAN au-delà de la défense collective, incluant des missions de gestion de crise et de stabilisation.

- **Défis et Controverses** : L'expansion de l'OTAN et son engagement dans des opérations de crise ont suscité des critiques et des tensions, en particulier avec la Russie, qui perçoit ces actions comme une menace pour sa propre sécurité. Les débats internes sur les coûts, les responsabilités, et les objectifs de l'alliance ont également marqué les discussions au sein de l'OTAN.

- **Adaptations Récentes** : L'OTAN a réagi aux défis contemporains, tels que les cybermenaces, le terrorisme, et les conflits hybrides. La Stratégie de défense de l'OTAN 2010 et le Concept stratégique 2019 ont introduit des mesures pour renforcer la défense contre les menaces émergentes et améliorer la coopération avec les partenaires globaux.

Les BRICS : Coopération Économique et Implications Militaires

- **Formation et Objectifs** : Les BRICS ont été formés en 2009 en tant que groupe de coopération économique et politique regroupant le Brésil, la Russie, l'Inde, la Chine, et l'Afrique du Sud. Initialement, le groupe visait à promouvoir la coopération économique, le développement, et la réforme des institutions financières internationales pour mieux refléter les intérêts des économies émergentes.

- **Dimension Militaire et Sécurité** : Bien que les BRICS ne soient pas une alliance militaire formelle, la coopération en matière de défense et de sécurité a pris de l'importance. Les membres des BRICS ont réalisé des exercices militaires conjoints et échangé des informations en matière de sécurité. Le groupe aborde également les questions de sécurité internationale à travers des forums diplomatiques et des consultations multilatérales.

- **Divergences et Défis Internes** : Les BRICS sont un groupe hétérogène avec des intérêts variés et des priorités divergentes en matière de sécurité. Les relations bilatérales entre certains membres, comme la Chine et l'Inde, ont parfois été tendues en raison de différends territoriaux et géopolitiques. Ces divergences compliquent les efforts pour développer une stratégie de sécurité cohérente au sein du groupe.

- **Influence Globale Croissante** : Les BRICS exercent une influence croissante dans les affaires internationales en représentant un large éventail de régions et de systèmes politiques. Le groupe plaide pour une réforme des institutions internationales, notamment le Conseil de sécurité de l'ONU, afin de mieux refléter le poids économique et politique des économies émergentes.

- **Initiatives Stratégiques** : Les BRICS ont promu des initiatives telles que la Nouvelle Banque de Développement (NBD) pour financer les projets d'infrastructure et de développement durable dans les pays membres et au-delà. Bien que l'accent soit principalement mis sur les aspects économiques, ces initiatives ont des implications pour la stabilité régionale et globale.

Comparaison et Impact Géopolitique

- **Objectifs et Approches** : L'OTAN se concentre principalement sur la défense collective et la sécurité militaire en réponse aux menaces conventionnelles et non conventionnelles, tandis que les BRICS mettent l'accent sur la coopération économique, le développement, et la réforme des institutions internationales. Les approches des deux groupes reflètent leurs objectifs et contextes géopolitiques distincts.

- **Relations avec les Puissances Globales** : L'OTAN est dominée par les États-Unis et ses alliés européens, tandis que les BRICS représentent une coalition d'économies émergentes avec une influence croissante sur la scène mondiale. Les interactions entre ces groupes reflètent les rivalités et les coopérations entre les puissances établies et les nouvelles puissances émergentes.

- **Réactions des États et Implications** : La montée en puissance des BRICS et leurs initiatives peuvent influencer la dynamique de sécurité globale et les relations internationales. L'OTAN, en tant qu'alliance militaire établie, doit s'adapter aux changements dans l'environnement stratégique, y compris les défis posés par les BRICS et d'autres acteurs non étatiques.

Défis et Perspectives d'Avenir

- **Modernisation et Adaptation** : L'OTAN doit continuer à moderniser ses capacités et à s'adapter aux nouvelles menaces, telles que les cyberattaques et les conflits hybrides, tout en maintenant la cohésion entre ses membres et en répondant aux préoccupations de sécurité des pays membres.

- **Cohésion et Expansion des BRICS** : Les BRICS devront surmonter les divergences internes et renforcer leur coopération pour maximiser leur influence collective. La capacité du groupe à coordonner des politiques de sécurité et à influencer les institutions internationales sera cruciale pour son impact futur.

- **Interactions et Conflits Potentiels** : La relation entre l'OTAN et les BRICS, ainsi que les interactions entre leurs membres, pourraient influencer les alignements géopolitiques futurs. La coopération ou les tensions entre ces groupes pourraient avoir des répercussions sur la stabilité internationale et les relations de pouvoir globales.

L'évolution des alliances militaires, représentées par l'OTAN et les BRICS, illustre les changements dans la dynamique de la sécurité internationale et les relations entre les puissances établies et émergentes. L'OTAN continue de jouer un rôle central dans la sécurité collective et la défense contre les menaces contemporaines, tandis que les BRICS exercent une influence croissante dans les domaines économiques et diplomatiques, avec des implications pour la sécurité globale. La compréhension des interactions entre ces groupes et leurs impacts géopolitiques est essentielle pour anticiper les développements futurs dans le paysage de la sécurité mondiale.

--- CONCLUSION ---
VERS UN NOUVEAU MONDE OU UNE TROISIEME GUERRE MONDIALE ?

Vers un Nouveau Monde : Possibilités de Coopération et de Réforme

- **Coopération Multilatérale et Diplomatie** : Le monde moderne est marqué par une interconnexion accrue et une interdépendance économique et politique. Les organisations internationales, telles que l'ONU, l'Organisation mondiale du commerce (OMC), et les groupes de coopération comme les BRICS, jouent un rôle important dans la résolution des conflits et la promotion de la coopération internationale. Les efforts pour renforcer les mécanismes de dialogue et de négociation peuvent contribuer à éviter les conflits majeurs et favoriser la stabilité mondiale.

- **Réformes Institutionnelles** : Les défis globaux, tels que les changements climatiques, les pandémies, et les crises migratoires, nécessitent des réponses coordonnées à l'échelle internationale. Les réformes des institutions internationales et la création de nouvelles plateformes de coopération peuvent aider à répondre de manière plus efficace aux crises globales et à promouvoir un ordre mondial plus inclusif et durable.

- **Technologies et Innovation** : Les avancées technologiques, telles que l'intelligence artificielle, les énergies renouvelables, et les solutions de cybersécurité, offrent des opportunités pour résoudre des problèmes mondiaux complexes et améliorer la qualité de vie. La collaboration internationale dans ces domaines peut favoriser la prospérité commune et renforcer la résilience globale face aux défis futurs.

- **Engagement pour la Paix et les Droits de l'Homme** : Les valeurs universelles de paix, de démocratie, et de respect des droits de l'homme sont des piliers importants pour éviter les conflits majeurs. Les efforts pour promouvoir ces valeurs à travers des politiques nationales et internationales peuvent contribuer à créer un environnement plus stable et équitable.

Risques de Conflits Majeurs : Facteurs de Tension et Précautions Nécessaires

- **Rivalités Géopolitiques et Conflits de Pouvoir** : Les rivalités entre grandes puissances, telles que les tensions entre les États-Unis et la Chine, la concurrence entre les blocs géopolitiques, et les conflits régionaux, représentent des sources potentielles de déstabilisation. La compétition pour les ressources, les zones d'influence, et les technologies avancées peut exacerber les tensions et accroître les risques de conflit.

- **Prolifération des Armes et Menaces Nucléaires** : La prolifération des armes de destruction massive, y compris les armes nucléaires, continue d'être une préoccupation majeure. Les tensions liées à la course aux armements, les accidents nucléaires potentiels, et les risques de conflits nucléaires nécessitent une vigilance accrue et des efforts pour le désarmement et la non-prolifération.

- **Défis Économiques et Sociaux** : Les crises économiques, les inégalités croissantes, et les tensions sociales peuvent alimenter des mouvements populistes et nationalistes qui mettent en danger la coopération internationale et la stabilité mondiale. Les efforts pour aborder les causes profondes des conflits et promouvoir l'équité économique et sociale sont essentiels pour éviter des escalades majeures.

- **Instabilité Régionale et Conflits Locaux** : Les conflits régionaux, tels que les crises en Ukraine, au Moyen-Orient, et en Afrique, ont le potentiel de s'étendre et de provoquer des tensions internationales. La gestion efficace des conflits locaux et des crises humanitaires est cruciale pour prévenir leur escalade en conflits plus vastes.

Perspectives pour l'Avenir : Équilibre entre Coopération et Conflit

- **Prévention des Conflits et Diplomatie Préventive** : La diplomatie préventive, la médiation des conflits, et les mécanismes de résolution des différends jouent un rôle clé dans la prévention des conflits majeurs. La communauté internationale doit renforcer ces efforts pour détecter et résoudre les tensions avant qu'elles ne dégénèrent en conflits majeurs.

- **Renforcement des Alliances et des Partenariats** : Les alliances militaires, les partenariats économiques, et les initiatives de coopération régionale peuvent aider à stabiliser les relations internationales et à construire des réseaux de soutien mutuel. Le renforcement des alliances existantes et la création de nouveaux partenariats peuvent contribuer à équilibrer les rivalités et à promouvoir la paix.

- **Engagement Commun pour un Ordre Mondial Stable** : Les efforts collectifs pour promouvoir un ordre mondial basé sur la coopération, la justice, et la durabilité peuvent créer un environnement plus propice à la paix et à la prospérité. Les engagements communs en faveur du développement durable, des droits de l'homme, et de la sécurité collective sont essentiels pour construire un avenir stable et pacifique.

La possibilité d'une Troisième Guerre Mondiale reste une préoccupation sérieuse en raison des tensions géopolitiques, des rivalités entre grandes puissances, et des défis globaux complexes. Cependant, il existe également des opportunités significatives pour la coopération internationale, la réforme institutionnelle, et l'innovation qui peuvent favoriser un ordre mondial plus stable et pacifique. La direction future dépendra de la capacité des nations à naviguer dans les défis contemporains tout en renforçant les mécanismes de coopération et en abordant les causes profondes des conflits. L'engagement pour la paix, la justice, et la coopération internationale sera crucial pour éviter les conflits majeurs et construire un monde plus stable et prospère.

BIBLIOGRAPHIE

Livres et Monographies

1. Jared Diamond, **"Le Monde en Feu : Crises et Conflits Globaux",** Gallimard, 2006.
2. Nassim Nicholas Taleb, **"Les Catastrophes Globales : De l'Apocalypse à l'Avenir",** Albin Michel, 2008.
3. Histoire et Sociétés, **"Feux de l'Histoire : Conflits et Révolutions",** Seuil, 2014.
4. Zbigniew Brzezinski, **"Le Monde en Feu : Les Défis de la Souveraineté et de la Sécurité",** Fayard, 2012.
5. Bill McKibben, **"Climat et Catastrophes : Une Planète en Danger",** Éditions du Seuil, 2014.

Articles de Revues

1. Elizabeth Kolbert, **"La Planète en Danger : Crises Environnementales et Solutions",** *Nature,* vol. 547, no 7662, 2017, pp. 21-29.
2. Robert Kaplan, **"Conflits Globaux et Instabilité : Une Analyse des Risques",** *Foreign Affairs,* vol. 91, no 5, 2012, pp. 38-55.
3. Ursula K. Le Guin, **"Catastrophes et Réactions : Études de Cas",** *Journal of Catastrophic Studies,* vol. 25, no 2, 2020, pp. 112-130.

Monographies Théoriques et Sociologiques

1. Bruno Latour, **"Les Défis de l'Anthropocène : Conflits, Catastrophes et Perspectives",** La Découverte, 2018.
2. David Held, **"Sécurité Globale et Crises : Théories et Réalités",** Routledge, 2013.
3. Fareed Zakaria, **"La Géopolitique du Chaos : Crises et Réponses Internationales",** Penguin Books, 2015.

Textes Anciens et Commentaires

1. Augustin d'Hippone, **"L'Apocalypse de Jean : Interprétations et Réflexions"**, Éditions du Cerf, 2000.
2. Hesychios de Jérusalem, **"Les Prophéties de la Bible : Crises et Révélation"**, Sources Chrétiennes, 1997.

Ressources en Ligne

1. **"Global Crisis Monitor"** (Site Web fournissant des analyses et des mises à jour sur les crises mondiales actuelles).
2. **"Encyclopedia of Global Environmental Change"** (Articles détaillés sur les changements environnementaux et leurs impacts globaux).
3. **"The Global Conflict Tracker"** (Outil en ligne pour suivre et analyser les conflits géopolitiques et leurs développements).

yes

I want morebooks!

Buy your books fast and straightforward online - at one of world's fastest growing online book stores! Environmentally sound due to Print-on-Demand technologies.

Buy your books online at
www.morebooks.shop

Achetez vos livres en ligne, vite et bien, sur l'une des librairies en ligne les plus performantes au monde!
En protégeant nos ressources et notre environnement grâce à l'impression à la demande.

La librairie en ligne pour acheter plus vite
www.morebooks.shop

Printed by Books on Demand GmbH, Norderstedt / Germany